3・4・5歳児のわくわく 絵あそび 12か月

はじめに

　「絵を描かせるのが苦手で…」「子どもが描いてくれなくて…」と、よく相談を受けます。"描かせる"のは大変かもしれませんが"描きたくなる"お絵描きなら「やってみたい！」と思う子どもたちも多いのではないでしょうか。

　子どもたちは絵を通して「いっぱいお話ししたい」「もっと先生やみんなに聞いてほしい」と思っています。上手や下手、正しいか間違いか…子どもたちの絵にそんなことは必要ありません。子どもたちが感じていることや考えていることを思うままに線や色で表現できること、そして表現したい・伝えたいことだからこそ線1本でも大事に描きたいという気持ちが大切です。

　この本では子どもたちが"描きたくなる"ように、興味や関心を引き出したり展開を促したりするためのアイディアをたくさん載せています。ぜひそこに保育者の笑顔をプラスして、一緒に楽しみながら実践してみてください。

アイコンについて

 絵の具　 ペン　 パス　 クレヨン　 コンテ　 墨汁・インク　技法

- 索引（描画材料や技法で探そう） …… 4
- 本書の特長＆使い方 …… 6
- 3・4・5歳児の絵あそびに1年間の見通しを持って …… 8

4月
- カメラではい、チーズ！！ …… 12
- こんにちは！絵人形で遊びましょ …… 16
- 簡単パペット人形でこんにちは！ …… 20
- スマホでもしもし …… 24

5月
- おうちがいっぱい！！ …… 28
- 何階建ての家？ …… 31
- お弁当に何詰める？ …… 34
- 電車でゴー！ …… 38

6月
- 雨の日が楽しい！カラフル傘 …… 42
- にじ色の雨が降ってきたよ …… 46
- ステキな長靴を作ろう！ …… 49
- いろいろ色のアジサイ …… 52

7月
- 冷たーい、かき氷 …… 56
- 夜空にお星さまキラキラ …… 60
- いっぱい洗おう、洗濯屋さん …… 64
- いっぱい釣れたよ …… 68

8月
- お魚さんの模様が広がったよ …… 72
- 雲の上って何がある？ …… 76
- パフェをどうぞ！ …… 80
- まぜまぜジュース …… 83

9月
- バスでお出掛け、楽しいな！ …… 86
- クッキーを作ろう！ …… 90
- おだんごは何の味？ …… 94
- 秋の山をシュッシュッ ポッポ …… 98

なるほど！絵あそびプチレッスン

- ★ 子どもたちへの関わり方のコツ …… 192
- ★ 描画材料の特徴を知ろう！ …… 194
- ★ 色の組み合わせを絵に生かそう …… 196
- ★ こんなときに技法を使おう！ …… 198

10月
- 秋の山って、どんな所？ …… 102
- 葉っぱの色が変わったよ …… 106
- おイモ掘りに行ったよ！ …… 109
- 回る！おすし屋さん …… 112

11月
- 色イロ迷路を通って …… 116
- 紙版画で写しちゃおう！ …… 120
- トゲトゲいっぱいクリの木 …… 124
- 動物たちの冬ごもり …… 128

12月
- プレゼントはなぁに？ …… 132
- ケーキバイキング …… 136
- 大きな大きなクリスマスケーキ …… 140
- キラキラ☆ツリーを飾ろう！ …… 144

1月
- おせちでおなかい〜っぱい …… 148
- お鍋を囲んでいただきます …… 152
- 雪の結晶キラキラ …… 156
- 雪山で遊ぼう！ …… 159

2月
- 豆をまいて「オニは〜そと！！」 …… 162
- 節分だ！豆まきしよう …… 165
- のり巻きを作ろう！食べよう！ …… 168
- 鬼さんのおしゃれなパンツ …… 172

3月
- みんなで乗ろう！観覧車 …… 176
- 風船に乗って空へ出掛けよう …… 180
- ○○組の秘密基地へようこそ …… 184
- お花畑で遊ぼう …… 188

索引 — 描画材料や技法で探そう

描画材料で探そう

ペン

カメラではい、チーズ！！	12
こんにちは！絵人形で遊びましょ	16
簡単パペット人形でこんにちは！	20
スマホでもしもし	24
おうちがいっぱい！！	28
何階建ての家？	31
電車でゴー！	38
いろいろ色のアジサイ	52
お魚さんの模様が広がったよ	72
雲の上って何がある？	76
バスでお出掛け、楽しいな！	86
回る！おすし屋さん	112
キラキラ☆ツリーを飾ろう！	144

絵の具

冷たーい、かき氷	56
おイモ掘りに行ったよ！	109
雪の結晶キラキラ	156

パス・クレヨン

お弁当に何詰める？	34
にじ色の雨が降ってきたよ	46
ステキな長靴を作ろう！	49
夜空にお星さまキラキラ	60
まぜまぜジュース	83
おせちでおなかい～っぱい	148
のり巻きを作ろう！食べよう！	168

コンテ

おだんごは何の味？	94
トゲトゲいっぱいクリの木	124

墨汁＋絵の具

いっぱい釣れたよ	68
秋の山って、どんな所？	102
節分だ！豆まきしよう	165

インク＋ペン

紙版画で写しちゃおう！	120

絵の具＋パス・クレヨン

- 雨の日が楽しい！カラフル傘　42
- いっぱい洗おう、洗濯屋さん　64
- クッキーを作ろう！　90
- 動物たちの冬ごもり　128
- プレゼントはなぁに？　132
- ケーキバイキング　136
- お鍋を囲んでいただきます　152
- 豆をまいて「オニは〜そと！！」　162
- 鬼さんのおしゃれなパンツ　172
- みんなで乗ろう！観覧車　176
- 風船に乗って空へ出掛けよう　180
- ○○組の秘密基地へようこそ　184
- お花畑で遊ぼう　188

絵の具＋ペン

- パフェをどうぞ！　80
- 秋の山をシュッシュッ ポッポ　98
- 葉っぱの色が変わったよ　106
- 色イロ迷路を通って　116
- 大きな大きなクリスマスケーキ　140
- 雪山で遊ぼう！　159
- 鬼さんのおしゃれなパンツ　172
- みんなで乗ろう！観覧車　176

Q&A
- 描画材料の特徴を知ろう！　194
- 色の組み合わせを絵に生かそう　196

技法で探そう

にじみ絵
- 雨の日が楽しい！カラフル傘　42
- いろいろ色のアジサイ　52
- 冷たーい、かき氷　56
- お魚さんの模様が広がったよ　72
- 葉っぱの色が変わったよ　106

はじき絵
- 雨の日が楽しい！カラフル傘　42
- プレゼントはなぁに？　132

スタンピング
- クッキーを作ろう！　90
- ○○組の秘密基地へようこそ　184

ローラー
- 色イロ迷路を通って　116
- 大きな大きなクリスマスケーキ　140

版画
- 紙版画で写しちゃおう！　120

デカルコマニー
- お花畑で遊ぼう　188

Q&A
- こんなときに技法を使おう！　198

本書の特長 & 使い方

実践がそのまま本になりました!!

活動のねらい
活動にねらいを持って、楽しく絵あそびを!

テーマ&アイコン
12か月分たっぷり紹介! 季節やねらいに合ったテーマを参考に! アイコンが付いているので探しやすい!

活動のポイント
事前の準備や子どもの姿・思いに対しての関わり方、年齢に応じたアレンジなど、活動のポイントがイラスト付きで全ての題材に付いています! 実践でのポイントもたっぷりで安心!!

導入・ことばがけ例
子どもたちのイメージが膨らむ導入・ことばがけ例や用意する物を実践例に沿って詳しく紹介!

見通し＆プチレッスン

1年間の実践を見通したねらいがひと目で分かる表付き！ さらに、絵あそびの実践で知っておきたいことをＱ＆Ａ形式で紹介。子どもたちへの関わり方や技法、描画材料などについてが分かります！

実践＆子どもたちの作品

現場発だからこそ、やりやすい手順や実践での子どもの姿、作品などの写真がたっぷり！ たくさんの子どもたちの声を通して、子どもの思いが伝わります。

遊びを広げよう

飾り付けの紹介やアレンジなども紹介しています。

3・4・5歳児の絵あそびに

1年間の見通しを持って

スタート

4月

ねらい

楽しく絵を描こう

3歳児 保育者とのやり取りなどを楽しみにしながら絵を描く

4歳児 きっかけとなる物を基に絵を描くことを楽しむ

5歳児 絵を描くことや友達、保育者との交流なども楽しむ

実践する月だけでなく、1年間の見通しを持って題材や関わり方を考え、描く活動での子どもの育ちを見つめましょう。

楽しくなる雰囲気づくりを

4月
★必要なときには保育者や友達と一緒にやり取りを楽しんで

4月
★描く活動に自然に入れるように

5月　6月　7月　8月

描きたくなる
きっかけや
導入を！

5月
- 描くことに前向きに取り組めるように
- 何度も繰り返してみたくなるように

描くことを
楽しめるように

6月
- 身近な生活の出来事などイメージしやすい題材に

6月
- 思いに合わせて色を選べるように

ねらい

自分の思いを形や絵にして表現することを楽しもう

- **3歳児** 思うままに絵に表して楽しむ
- **4歳児** 自分なりのイメージを絵に表して楽しむ
- **5歳児** 自分なりに考えたことを絵に表すことを楽しむ

7月
- 自分なりのイメージを持てるように
- 楽しみながらいろいろな描画材料に触れる機会を

子どもらしい
表現を認めて

8月
- 自分なりの形を意識して表現できるように

8月
- イメージしたことを絵に表して楽しめるように

9月 ★ 10月 11月 ★ 12月

表現することを楽しもう

材料の特長も楽しみながら

9月
- 描画材料の扱い方や約束事にも興味を持てるように

9月
- 表現の仕方を試すことができるように

10月
- 自分らしく表現することを楽しみ、描きたい物を見つけられるように

10月
- 描いたり試したりを繰り返し楽しめるように

ねらい

描きたい物に合わせて、色や描画材料・用具を選んでみよう

11月
- 自分なりの表現や色に興味を持てるように

その子らしさに共感

11月
- 友達のやっていることにも興味を持てるように

工夫を認めながら

12月
- 思いを丁寧に表せるように
- いろいろ試す中で自分なりの表現を見つけられるように

1月　2月　3月

3歳児	描画材料や用具を使って楽しみながら描く
4歳児	いろいろな描画材料や用具を使って試したり描いたりすることを楽しむ
5歳児	色に興味を持って、自分の思いに合わせて描くことを楽しむ

ねらい

みんなで一緒に描くことを楽しもう

3歳児	保育者や友達と楽しみながら描く
4歳児	友達と一緒に描くことを楽しむ
5歳児	友達との交流も楽しみながら描く

1月
★ 自分の描いた物に自信を感じられるように

1月
★ 表現したことを友達や保育者にも伝えたくなるように

2月
★ 自分らしい表現を追求できるように
★ 自分の表現の仕方に自信を深められるように

一緒に活動する楽しさを

★ 自分の表現を楽しむだけでなく、友達のやっている楽しそうなことを取り入れられるように

4月

描くことが楽しい

カメラで はい、チーズ！！

自分だけのカメラを作って、友達や保育者と撮り合いっこしよう。楽しく絵を描くきっかけになるだけでなく、友達や保育者とのおしゃべりやごっこ遊びも楽しめ遊びが広がります。

活動のねらい

★ 絵を描くことを楽しむ。

★ カメラで遊びながら、友達や保育者と関わることを楽しむ。

年齢に応じた活動を

二つ折りでなくても、1枚の白画用紙にパンチでのぞき穴をあけると簡単にカメラを作れます。年齢に合わせてカメラの形を変えてもいいでしょう。

活動のポイント

やり取りの楽しさを絵を描く楽しさに

カメラごっこを通して、撮り合いながら保育者や友達と関わり合う楽しさを、絵を描く楽しさにつなげるようにしましょう。

はい、チーズ！

人との関わりを楽しめる雰囲気づくりを

友達とのやり取りに戸惑う子どもには、保育者が関わって遊んだり、遊びになじんだ頃を見計らって周りの子どもたちへと遊びをつなげたりしましょう。

導入・ことばがけ例

「白い画用紙で自分だけのカメラを作ってみよう」
「でも、このままだとカメラに見えないね。カメラに変身させたいな」

「おすボタンがいるよ」
「レンズもないとうつせないよ」

「本当だね。みんなが言っていた物を付けてカメラを作ってみよう」
「白い画用紙を半分に折って広げたら、上側の両端にのりを付けてもう一度合わせて閉じてみよう。ポケットみたいになったね」

ポケット

「シャッターボタンやのぞける穴も作ろう」
「小さい色画用紙を山の形に切って…ポケットの入口に貼ってみると…のぞき穴とボタンになったよ」

「レンズは？」

「そうだね。ペンでレンズを描いて…できた！」

「このカメラで○○ちゃんを撮ってみよう。はい、チーズ！！」
「写真を撮ったら、○○ちゃんを写真の紙に描いてみよう」
「撮った写真をプレゼントしてもいいし、もらった人は写真をポケットに入れておくといいね」

12

用意するもの

❶ **白画用紙**
八ツ切の1/8サイズ

❷ **色画用紙**
＜シャッター・のぞき穴用＞
約4cm四方（橙・赤・緑）
＜写真（絵を描く）用＞
約10cm×7cm（クリーム・薄桃・水）
※数色用意することで、色を選ぶ楽しさも味わえます。

● ハサミ
● 水性フェルトペン
● のり
※自分の物が分かりやすいように、道具箱などの入れ物を活用してもいいですね。

カメラを作ろう

1 写真を入れるポケットを作る

白画用紙を半分に折ってのり付けしましょう。

半分に折った白画用紙を広げ、上半分の両端にのりを付けて…

しっかり押さえます。

くっつけ〜

しゃしんをいれるポケットだよ！

2 シャッターとのぞき穴をポケットの入口のほうに貼る

ハサミで色画用紙を山形に切って、のりで貼ります。

丁寧にゆっくり切って…

のりを付けて貼ります。

あなからむこうがみえる！

ポイント
のぞけるのであればどんな山形になっても構いません。山形に線を描いた物を準備してもいいですね。

3 レンズを描いて、カメラの完成!

ペンで思い思いのレンズを描いたら、カメラのできあがり!

いろんないろのレンズにしようっと

だんだんレンズがおおきくなってるね

わたしのカメラでーきた!!

写真を描こう!

しゃしんをだしたりいれたりできるよ

描いた写真をカメラのポケットに入れたり、友達に渡したり…

こっちむいて…

はい、チーズ

カメラで友達の写真を撮って…

写真に見立てた色画用紙に友達の絵を描きます。

ともだちのしゃしんとったよ

14

4月 カメラではい、チーズ！！

わ！ぼくだ！

○○くんのかおだよ！

あなからむこうがみえる！

子どもたちの作品

おともだちいっぱいかいたよ

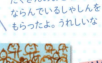
たくさんのおともだちとならんでいるしゃしんをもらったよ。うれしいな

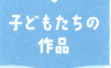
レンズがぐるぐるいっぱいあるよ

ぼくのカメラはフラッシュとかボタンとか、いろんなものがついているんだよ

なかよしのおともだちどうしでおそろいのカメラにしたよ

おともだちとてつないだよ

遊びを広げよう
撮った写真でアルバム作り

数枚重ねてホッチキスでとじた色画用紙に、撮った（＝描いた）写真を貼り付け、アルバムにすると遊びが広がります。

既製のポケットアルバムを使ってもいいですね。

4月
こんにちは！絵人形で遊びましょ

楽しく描いて、友達との関わりにも！

ペープサート風の絵人形を作ってみましょう。壁に貼ったおうちにおじゃまして、友達と楽しくおしゃべりしてもいいですね。絵人形の交流を通して、友達や保育者とのお話も楽しみましょう。

活動のねらい
- 絵を描くことを楽しむ。
- 描いた物を使って、友達や保育者との交流を楽しむ。

活動のポイント

描き始められない子どもに
やろうとすること、やったこと、できたことの一つひとつを認める言葉の掛け方を心掛けましょう。

小さな色画用紙から
小さめの色画用紙なら、ちょっと描くだけでも大丈夫！ 絵を描くことへの不安や負担を少なくしましょう。

子ども同士が楽しめるように
友達とのやり取りが苦手な子がいたら、保育者が関わりながら周りの子どもたちとの交流へとつなげるようにしましょう。

導入・ことばがけ例

「今日は先生の絵人形を連れて来たよ」
「みんな、こんにちは！」（お辞儀をさせながら）

「こんにちは！」

「先生の人形だけだから、みんなが自分の人形を作って友達を増やしてくれるとうれしいな」

「ぼくのもつくる」

「みんなでつくったらともだちたくさんできるね」

「みんなの人形ができたら遊びに行きたい所があるの」

「壁に貼っているおうちが見える？ みんなの人形ができたら一緒に遊びに行きたいな」
「みんなはどの色のおうちに行ってみたい？」

「みどりのいえがいいな」

「先生の人形も遊びに行ってみよう」
「コンコンコンおじゃましまーす。貼ってあるストローに人形を差し込んで、みんなの人形が来るのを待っているよ」
「画用紙に自分を描いく、描いたら裏にストローを貼って人形を作ってみよう」

用意するもの

- **色画用紙** 名刺程度の大きさ（橙・桃・黄・黄緑・白）

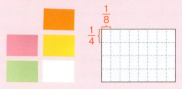

※四ツ切画用紙1枚から32枚分取ることができます。

- **ストロー** 細＜絵人形用＞直径4mm程度・長さ18cm程度
  太＜家用＞直径6mm程度・長さ5cm程度
- **セロハンテープ**
- **水性フェルトペン**
- **家に見立てた色画用紙**
  四ツ切の色画用紙に屋根を付けた物
  ※太ストローを貼り付け壁に貼っておきます。

数人の子どもたちが一つの家で活動できるような太ストローの数を用意しましょう。

絵人形を作ろう

1　色画用紙に自分を描く

好きな色画用紙を選んで、思い思いに自分を描きます。洋服などを好きな色で塗ってみてもいいですね。

好きな色画用紙に水性フェルトペンを使って絵を描きます。

「なにいろをつかおうかな」

「けんをもっているんだよ」

思いを広げて描いてみるのもいいですね。

2　裏にストローを貼って絵人形完成！

絵人形の裏にストロー（細）を置き、セロハンテープで貼ってペープサート風の絵人形にします。

ポイント
ストローを貼る場所は、描く場所と別にすると活動しやすくなります。また、3歳児などセロハンテープの扱いに慣れていない子どもには保育者が手伝うようにしましょう。

「ゆっくりだときれいにはれるね」

持つ所を考えてストローを貼るように伝えましょう。

17

順番など、簡単な約束事も伝えるようにしましょう。

絵人形で遊ぼう

壁に貼られた家のストローに絵人形のストローを差し込んだり、同じ家で遊んでいる友達と話をしたりして遊びます。

絵人形を置きたい場所に、新たにストローを貼っていってもいいでしょう。

4月 こんにちは！絵人形で遊びましょ

遊びの中で、家に絵を描きたいという声が出れば、描くのを楽しんでもいいでしょう。

せんせいもいっしょにあそぼうよ

5歳児 遊びを広げよう

家を自分で作ってみよう！

5歳児なら、四ツ切の1/4サイズの色画用紙を切って自分の家を作ってみてもいいでしょう。遊びに行ったり来たりしながら交流を楽しみます。

子どもたちの作品

いっぱいたのしんだよ

ドアから入る、階段を上る、など想像を膨らませながら家にも絵を描いていきました。遊びが広がりますね。

4月
簡単パペット人形でこんにちは！

描いて、遊ぼう！

色画用紙を折ってのり付けをして、絵を描いて簡単パペット人形を作ってみましょう。「こんにちは！」と挨拶したり、友達や保育者と仲良く出掛けてみたり…楽しく交流をしてみよう。

活動のねらい
★ 絵を描くことを楽しむ。
★ 作った物で遊びながら友達や保育者とのやり取りを楽しむ。

思い思いに描く楽しさを
うまく描くことよりも思い思いに描く楽しさを感じることが大切です。戸惑う子どもには言葉を掛けたり、手を添えたりして描きたい思いを後押ししてみましょう。

活動のポイント

のり付けで気を付けることは
のりを触りたがらなければ一緒にやったり、貼る時間を待てない子にはゆっくり押すところを見せたりするなど、関わり方を考えてみましょう。

3歳児の場合には…
事前に保育者がパペットの土台を準備し、絵を描くことから始めるといいでしょう。

導入・ことばがけ例

「先生の友達を連れて来たよ。でもみんなと会うのが恥ずかしいんだって。みんな会ってくれるかな？」

「いいよー！」

（パペットを見せながら）

「（小さめの声で）こんにちは…」

「こんにちは！！」

「（大きめの声で）こんにちは！ みんなに会えてうれしいな」
「今日はこの人形みたいに元気に挨拶できたり、みんなと出掛けたりできる人形を作ってみよう」

「画用紙の端を、自分の指の長さくらいで折って開いたら、そこの両側にのりを塗ってもう一度折り畳むんだよ」
「折り畳んだらしっかりと押さえてね！ 袋になった所に指を入れることができるよ」
「画用紙の広いほうに自分の絵を描いてみんなで遊んでみよう」

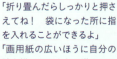

| 用意するもの | ● 色画用紙
八ツ切の1/6サイズ
（水・薄桃・クリーム・白・黄緑・薄茶） | ● 水性フェルトペン
● のり
● 色画用紙の端紙
※パペットの土台の色に対して、鮮やかな色を選びました。取りやすくするために容器に入れておきます。 | 活動が盛り上がってくると、いっぱい作りたくなる子どもも出てきます。色画用紙は多めに準備しておき、子どもの思いに応えられるようにしましょう。

〈作った物を飾るなら〉
段ボール箱の断面にストローなどを差し込んで飾り台を作っておきます。 |

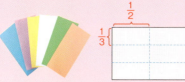

パペットを作ろう！

1　パペットの土台を作る

指の長さくらいの位置で色画用紙を折り、のり付けします。

開いた部分にのりを右と左の端に塗って…

指の長さくらいのところで折って…

ポイント
どれくらいの長さか分かるように実際に折って見せながら伝えるようにしましょう。指の長さは目安なのでおおよそで構いません。

ゆびをいれるところができたよ

少しの間、押さえて待つと…

❷ ❶に絵を描く

ペンで自分や友達などを描きます。服などは色を塗ったり、色画用紙の端紙を貼ったりします。

ポイント
一つに二人以上描いても構いません。友達や家族など、子どもの描きたい人が描けるようにしましょう。

ニコッと
わらっている
ぼく！

がようしを
はってあかい
ふくにしよう

ともだち
いっぱい
かいたよ

パペット人形で遊ぼう

こんにちは！
こんにちは！
こんにちは！

指を曲げたらお辞儀をしているようになります。

おじぎ
できるよ

こうえん
いきたい！

どこかに
お出掛け
しようか？

ポイント
自分で描いた物だからこそ、気持ちを込めて遊ぶことができます。また、人形を通して関わることで、交流の場を広げることができます。保育者は必要に応じて子ども同士の仲立ちになり、交流を広げたり、深めたりするようにしましょう。

22

4月 簡単パペット人形でこんにちは!

ちょっとはずかしいけど、せんせいにも「こんにちは!」

ふたりとふたりはとってもなかがいいの

またあそぼうっと!

子どもたちの作品

ようふくにいっぱいいろをつかってみたんだ

おうちのなかもかいたら、たのしかった〜

あかちゃんが、みどりのふとんをかけてねているよ

遊びを広げよう
ほかにもこんなパペット!!

指を差し込めるものであれば簡単にパペットにすることができます。いろいろ試してみましょう。

封筒に親指と小指を出す穴をあける

色画用紙を筒状にした物

飾り台には、みんなのパペットが大集合!

あめがふってきたから、かさをさしたよ

4月 スマホでもしもし

🖊 ペン

描いて、遊ぼう！

携帯電話もスマートフォンが増えてきて、触れたことのある子どもたちも多いのではないでしょうか。自分だけのスマホを使って、楽しく絵を描いてみましょう。

活動のねらい
★ 絵を描くことを楽しむ。
★ 遊びを通して友達や保育者と関わることを楽しむ。

活動のポイント

描きたい気持ちを高めるには
描いた絵を使って遊ぶので、ごっこ遊びを通して友達や保育者との関わりを楽しめるようにしましょう。

人物を描かない子には
人物にこだわらなくても構いません。線でも点でも描きたいという思いを持てるような雰囲気づくりを心掛けましょう。

活動の展開も踏まえて
電話を掛けるだけでなく、裏面にレンズに見立てたシールを貼って写真を撮って遊んでも楽しいですね。

導入・ことばがけ例

「先生のスマホを持って来たよ」

「それ、がようしだよ」

「本当だ！　これじゃスマホに見えないね」
「紙に電話を掛けたい人の顔を描いて…」
（水性フェルトペンで人物を描く）

「この紙をスマホの中に差し込んで…ピッ、ピッ…プルル」
（電話を掛けるしぐさをして）

「もしもし○○先生ですか？　…そうですか！　また電話しますね」

「今度はみんなの中の誰かに掛けてみようかな」
「違う紙に○○くんを描いて差し込んで、…ピッ、ピッ…プルル、○○くんですか？」
（子どもが答えたら…）
「電話できて楽しかった。みんなとも話したいからスマホを渡すよ」
（子どもが答えなければ…）

「まだみんなスマホを持ってないから答えられないね。みんなと話せるようにスマホを渡すよ」
「電話を掛けたい人を描いて電話をしよう」

用意するもの

- **色画用紙**
  <❶ スマホ用> のりしろ部分を残して二つ折りにした色画用紙の片面を四角に切り抜いた物
  ※両面テープを貼り、スマホを作っておきます。
  <❷ 写真（絵を描く）用> スマホより少し小さめのサイズ（水・クリーム・薄桃・白）

- 丸シール
- 水性フェルトペン
- 両面テープ

〈作った物を飾るなら〉
色画用紙を折って台を作り、壁に貼っておきます。

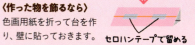

スマホを作ろう

1 電話を掛けたい人の絵を描く

色画用紙に電話を掛けたい相手の絵を描きます。

「3にんのともだちといっしょにでんわできるんだよ」

「ぼくはともだちをかくよ」

「せんせいもかいて、でんわするの」

「たくさんのともだちにでんわできるように、たくさんかくんだ」

ポイント
絵を描き続けたい子やすぐに会話をしたい子など楽しみ方も様々です。子どもの楽しみに合わせて関わるようにしましょう。

25

2 スマホにボタンなどを付ける

ボタンを付けたい所に丸シールを貼ります。

うえにもしたにも ボタンをつけたよ

ボタンのいろを ぜんぶかえよう

ボタンの つづきで、 かざりつけも したよ

ポイント
絵を描くよりも、電話を掛けたりボタンを押したりする遊びが多くなってきたら、丸シールを出して遊びにつなげましょう。

スマホで遊ぼう！

電話を掛けたい人を描いた色画用紙を
スマホに差して電話ごっこをして遊びます。

もしもーし！

このともだちに かけてるんだよ

はい、チーズ！

カメラにも つかえるね

もしもし！ あ、○○くん？

5月

おうちがいっぱい！！

想像しながら描こう！

じゃばら状に折った色画用紙にハサミを入れて、いっぱい並んだおうちを作ります。できたおうちの中には誰が住んでいるのかな？ どんな物があるのかな？ 楽しみながら気軽にお絵描きをしましょう。

活動のねらい

★ 自分なりの表現を楽しむ。

★ 自分の思いを込めて描くことを楽しむ。

活動のポイント

一人ひとりの思いに添って

家という設定ですが、それだけにとらわれず、子どもたちの思いにも気持ちを添わせながら言葉を掛けましょう。

子どもたちに目安が分かるように

じゃばらの幅や屋根の形の切り方などは、まず保育者が実際にやって見せましょう。子どもたちが作るときには、言葉の掛け方にも配慮しましょう。

飾り付け

棚に置く、壁に貼り付けるなど、子どもたちと飾り方を考えてもよいでしょう。

導入・ことばがけ例

「今日はこんな細長い画用紙を持って来たよ。この画用紙を折って、おうちをいっぱい作ってみるよ」

「いっぱいつくるの？」

「おうちの大きさをどれぐらいにしたらいいかを考えて、折ってみてね」
「折った所はそのままにして、裏返して、また同じ大きさに折って、それを繰り返していくと…」

「えほんみたい！」

「そうだね！ 余った所も折ろうね」
「ここを斜めに切って…反対側も同じように切ると…」

「やねみたい！」

「じゃあ、そーっと開けてみるよ…」
「おうちがいっぱいできたね。おうちの中はどうなっているのかな」

「きっとかいだんがいっぱいあるよ」
「いっぱいともだちもいるかも」

「じゃあ、描いてみよう」

28

用意するもの

- ● 色画用紙　八ツ切（白・水・黄・橙・桃）いろいろな大きさの長方形に切った物
- ● 水性フェルトペン
- ● ハサミ
- ● のり

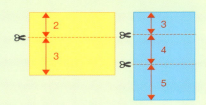

色画用紙はペンの線が見えれば何色でも構いません。家と家をつなぎ合わせる場合もあるので、配色がきれいな物を選ぶようにしましょう。

おうちを作ろう

1 色画用紙をじゃばら状に折る

同じ幅になるようにじゃばら状に折ります。最後に足りなくなっても、そのまま使いましょう。

うらがえして…

裏返して同じ幅に…

2 ハサミで山形に切って屋根にする

山形になるように片方ずつ切っていき、広げます。

どんなやねにしようかな？

おうちがいっぱいだ！

3 家の中に絵を描く

たくさんの家に見立てて、描きたい物を描きます。切り落とした色画用紙で飾り付けてもいいですね。

にわがあっておはなもたくさんさくんだよ

4 家と家を貼り合わせる

複数枚描いてのりでつなげてもいいですね！

ふたつめのおうちをつなげちゃおう！

子どもたちの様子

やねに しよーっと

切り落とした色画用紙で屋根を飾り付けています。

まあるく ならべるよ

おうちが いっぱいだ！

飾る場所をあらかじめ用意しておいて、子どもたちと置く場所を決めてもいいですね。

せんせい、あのね…

チョキチョキ

扉に切り込みを入れると、開閉できるようになります。

子どもたちの作品

みんなとちがうところをきっちゃった…。でも、おもしろいかたちのおうちになったよ！

おうちのかたちがおもしろいでしょ？

ゆうびんやさんがてがみをもってきてくれたよ

やねをかさねてはったよ

ともだちがあそびにきたんだよ

ひとりにひとつのへやがあるんだ

ひとりずつに、きれいなやねをかざったよ

やねをうしろからはったら、おもしろいおうちになったんだ

30

5月 何階建ての家?

ペン / のり貼る / 切る

色画用紙を切ってつないで

二つ折りにした色画用紙に切り込みを入れて…あっという間に2階建てのおうちのできあがり。もう一つ切り込みを入れてつなげると…3階建てに。おうちができたら中の様子を描いてみましょう。

活動のねらい
- 簡単なしかけをきっかけにして描くことを楽しむ。
- 絵に表現することを楽しむ。

「やってみたい」と思えるように
子どもの前でゆっくり開いて見せて開く、閉じるという簡単な操作をきっかけにして期待を持たせたり、「誰が住んでいるのかな?」と問い掛けたりしましょう。

活動のポイント

切り込みや階数は描く楽しさを踏まえて
切ることばかりでは描く楽しさが味わえません。切り込みが多すぎると絵を描く場所が狭くなることも伝えて、描くことを楽しめるようにしましょう。

のりでうまくつなげられないなら
どこに貼りたいかを一緒に考えたり、場合によっては保育者がのりを塗って見せたりして活動を促してみてもいいでしょう。

導入・ことばがけ例

「この画用紙でおうちを作ってみよう」
「二つに折って…四角いままだとおうちに見えないな…」

「うえをとがらせたらおうちみたいになるよ」

「本当だ、とがった形にしたら屋根になっておうちになりそう」
「横から切り始めて、上の真ん中あたりまで切ってみよう」
「どうかな? 屋根みたいになったかな?」

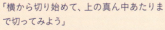

「やねになった!」

「二つに折った所を開くと、おうちに入ることができるね」

「めくった紙を、横に切って…開くと」

「1かいのおうちだ」

「上を開くと…」

「2かい!」

「2階建てのおうちになったね」
「誰が住んでいるかを考えて絵を描いてみよう」
「もう一度横に切って3階にしたり、新しい紙をつなげて大きなおうちにしたりしてもいいね」

用意するもの

- 色画用紙
  16切（黄緑・薄青・黄・橙・桃）
- 水性フェルトペン
- ハサミ
- のり

おうちを作ろう！

1 色画用紙を二つに折り、屋根の形を切って上の1枚を切る

屋根の形を考えて切ったり、階数を考えながら横から切り込みを入れたりします。

はんぶんに おって…

折って…

ここから 1かいと2かいに するよ

おなじように ななめに きって…

切って…

みてみて、 わたしのおうちが できた

2 家の中や外の様子を描く

ペンで思い思いに絵を描きます。

2かいに すんでいるひとを おおきく かこうっと

めくったら、 みんなおうちの なかであそんで いるよ

5月 何階建ての家？

③ 色画用紙をつなげて大きな家を作る

色画用紙をつなげてさらに絵を描いていきます。

「ピンクのおうちのしたに、あたらしいおうちをつけたよ」

のりでつなげて…

「のりをつけてはって…」

「いろんないろで、たかいおうちにしたよ」

★ポイント

もっと描きたいときには色画用紙を同じように二つ折りにして、つなげてみるといいでしょう。階数が増えることで、子どもの描きたい意欲をさらに高めることにつながります。

子どもたちの作品

おうちのなかはつながっているから、あそびにいけるよ

おうちのなかに、おうちをつくったよ。なかには、そーっとはいらないといけないんだよ

すんでいるひとをいっぱいかくのがたのしかった！

「コンコン」ってドアをノックしてあけると、なかにはいれるんだよ

めくってもいっぱいだよ

つなげていたらおもしろいかたちのおうちになったよ

遊びを広げよう

飾ってみよう！

子どもたちの貼り合わせた形を生かしながら、立体的に壁面に貼って、繰り返して遊んでもいいですね。

33

5月 お弁当に何詰める？

パス

二つ折りの色画用紙を見立てて

活動のねらい
★ 絵に表現することを楽しむ。
★ 身近な生活を踏まえながら描くことを楽しむ。

色画用紙を半分に折ったら…開けたり閉めたりできるお弁当箱になります。「おにぎりには何が入っているかな？」などとお弁当の話をしながら楽しく絵を描きましょう。

お弁当箱に見立てて
二つ折りの色画用紙をお弁当箱に見立てて開けたり閉じたりすることで、子どもたちの描きたい気持ちを高めます。

活動のポイント

描きやすい物をきっかけに
形や色をイメージしやすいおにぎりから描くことで、気負わずにみんなと一緒に描き始めることができます。

子どもが楽しめる雰囲気を
保育者が描いた物を食べるまねをすることで「描きたい」気持ちが高まります。保育者や友達とやり取りしながら楽しい雰囲気づくりを心掛けましょう。

導入・ことばがけ例

（二つ折りの色画用紙を開けながら）
「蓋を開けて…あっ、おいしそうなおにぎりだ！　パクッ（食べるまねをしながら）」

「おべんとうばこだ！」

「そう、先生のお弁当箱にはおにぎりが入っているよ」
「もっとたくさんおいしいおにぎりが食べたいなあ。どんな形のおにぎりにしようかな？」

「さんかく！」
「まる」

「（描いて見せながら）おいしそうな形だね。おにぎりの中には何を入れたらおいしいかな」

「うめぼしとかシャケは？」

「わあ、おいしそう！　じゃあ、おにぎりの上に描いてみよう」
「おにぎりがいっぱいできたら、ほかに食べてみたいおかずも描いてみよう」

34

用意するもの

- **色画用紙**
  八ツ切（桃・薄青・青・緑・赤・橙）
  半分に折り、四隅を丸く切った物
- **パス**

※おにぎりの白色が映える色を選びます。

お弁当を描こう

1 おにぎりを描く

お弁当箱の色画用紙を選んで、白色のパスでおにぎりを描いていきます。おにぎりの上から具を描き入れます。

「いろいろなあじのおにぎりつくるの」

食べたい具を描き入れます。

「まーるいおにぎりにしようっと」

好きな形のおにぎりを描いて…

ポイント
パスで塗るときは、「しっかり塗ったほうがおいしそうだね」などと子どもたちが塗りたくなるようなことばがけをしましょう。

2 お弁当に入れたいおかずも描く

お弁当に入っていたらうれしい物など、おにぎり以外のおかずも思い思いに描いていきます。

「おおきなニンジンもいれちゃおう」

「サンドイッチもはいってて、おなかいっぱいになるよ」

「おかおのおにぎりに、やさいとかくだものもはいっているの」

子どもたちの様子

先生にも見せて

ぼくのおにぎりたべる?

色画用紙をスプーンの形に切って名札にしてもいいですね。

あけたらおはしとコップがはいっているんだよ

片面を立体的に持ち上げて飾ることで、蓋を開けているように見せることができます。

5月 お弁当に何詰める？

子どもたちの作品

かおのおにぎりがはいっているおべんとうなの

おにぎりとおかずはべつべつにはいっているよ

うめぼしがいっぱいはいっているおにぎりはすっぱいおにぎりだよ

おべんとうのふたにもえをかいてみたよ

ミートボールがだいすきだからいっぱいいれてみたよ

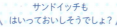
サンドイッチもはいっておいしそうでしょ？

遊びを広げよう

イメージを膨らませて！

活動の途中で子どもたちの描いた作品をみんなに紹介するのもいいですね。

わぁ！おいしそう！

5月 電車でゴー！

（ペン／貼る）

色画用紙をつなげて

色画用紙を電車に見立てて、お客さんなど好きな絵を描いて楽しみましょう。いろいろな色画用紙をつなげて長い電車にして飾って楽しむこともできます。

活動のねらい

★ 絵を描くことを楽しむ。
★ 自分なりに表現することを楽しむ。

活動のポイント

描いた物に共感して
子どもの発想から電車にはない物が出てきても、子どもの思いが込められていることを認めて共感するようにしましょう。

描きたい気持ちを促して
描く中で電車を走らせて遊ぶ姿が出れば、「もっといっぱいの人を乗せてみよう」など、描きたい気持ちをさらに促すような言葉も掛けてみましょう。

飾ってみる
そのまま壁面に飾ってもいいですし、ジグザグに折り曲げて置いて飾るのもいいですね。（p.41紹介）

導入・ことばがけ例

「今日は大きさの違う2枚の画用紙を持って来たよ」
「好きな色の画用紙を1枚ずつつなげて動かすと…（横に動かしながら）ガタン、ゴトン」

「あ！　でんしゃだ」

「そうだね、電車がつながって走っているね」
「電車の中にはどんな物があるのかな」

「おきゃくさんとか、うんてんするひともいるよ」
「しゃりんがないとうごかないよ」

「電車にはいろんな物があるんだね」
「小さい画用紙の両面テープをはがして、大きい画用紙とつなげて貼ってみよう」

「できたら電車の中に好きな物を描いてみよう」
「あとで小さい画用紙をもっと出すから、つなげたい人はつなげてみてね」
「車輪は描いてもいいし、丸い画用紙もあるからのりで貼ってもいいね」

用意するもの

① 色画用紙
　<電車(大)用>八ツ切の1/4サイズ
　<電車(小)用>八ツ切の1/6サイズ
　（水・黄緑・黄・橙・薄桃）
② 色画用紙
　<車輪用>直径3cmの丸型（黒・灰・紺）
● 水性フェルトペン
● のり

※短い辺の片方に両面テープを貼っておきます。

電車を作ろう！

1 色画用紙をつなげて電車を作る

大小の色画用紙から好きな色を1枚ずつ選んでつなげ、電車を作ります。

「このむきがいいかな？」

「そーっとはってみよう」

「おなじいろにしてみたよ」

2 電車の中の絵を描く

電車の中には何があるのかを考えながら、思い思いに絵を描きます。

「まどはあおいろでぬってみるんだ」

「おきゃくさんがころばないように、もっところがあるんだよ」

③ 色画用紙をさらにつなげて絵を描く

色画用紙をどんどんつなげて長い電車にしたり、車輪を描いたり貼ったりしながら絵を描いていきます。

> いっぱいでんしゃが つながったから しゃりんも いっぱいだよ

> ぜんぶ ちがういろを つなげるよ

ポイント

つなぎ目がずれて少々ゆがんでも、子どもらしさが出るので構いません。つなげる前に絵を描いてしまい、電車の向きが上下逆で絵がつながらない場合もあります。そのときは、もう片方の側面に両面テープを貼って、電車をつなげるようにしましょう。

> どんどんつなげたら、おもしろい でんしゃになったよ

5月 電車でゴー！

子どもたちの作品

でんしゃにのるのが
たのしいって
いってるよ

つくった
でんしゃで
しゅっぱーつ！

たくさんしゃりんをはったから、
はやくはしれるよ！

イスにならんで
すわっている
ところだよ

たくさんのおきゃくさんを
のせてはしっているんだ

りょうほうに
でんしゃを
つなげてみたの

遊びを広げよう　3歳児

飾り方に工夫！
いろいろな飾り方を試して、遊びが継続していくといいですね。

壁面に飾って

机に置いて

保育者がつなげた電車で！
事前につなげておいた電車を使って絵を描いてもいいでしょう。さらにつなげたい場合は、好きな色を聞いて保育者がつなげてあげてもいいですね。

6月 雨の日が楽しい！カラフル傘

絵の具の「にじみ」とパスの「はじき」の技法で

雨が続く時季でも、いろいろな色のきれいな傘を差すと楽しくなりますね。水と絵の具の「にじみ」と、パスと水の「はじき」の技法を経験しながら、お絵描きを楽しみましょう。

活動のねらい

- いろいろな技法を経験することを楽しむ。
- 身近にある物をきっかけにして、絵を描くことを楽しむ。

技法は楽しみながら

技法は覚えるものではなく表現を豊かにするためのものです。ルールや手順だけにとらわれず、子どもがどう表現したいかを大切に楽しみながらできるようにしましょう。

活動のポイント

子どもの言葉を伝える

お絵描きや技法を楽しむ子どもの言葉をほかの子どもにも伝えるようにしましょう。その子どもの自信にもつながり、ほかの子どものヒントにもなります。

できた作品を動かすとき

絵の具が乾かないうちに片付けるとき、斜めにしてしまうと絵の具が流れることがあるので、保育者が移動するなど配慮しましょう。言葉を掛けながら、保育者が集めるようにするといいでしょう。

導入・ことばがけ例

「雨の日のお出掛けには、ぬれないように何を持って行く？」

「かさ！」

「みんなはどんな色の傘を持っているのかな？」

「あかいろのかさだよ」
「わたしのはきいろ！」

「いろんな色の楽しくなるような傘があるといいね」
「今日はパスと水と絵の具を使って、きれいな色がいっぱいの傘を描いてみよう」
「きれいな傘にするために"桃色の画用紙は赤のパス"のように似合う色を決めておくね」

「かさにはせんがはいっているよ」

「そうだね。傘の骨も描いて…水を塗ると雨でぬれたようになったね」
「その上に絵の具をそーっと置くと…」

「えのぐがおおきくなった！」

「水が乾いてしまうと大きくならないから、色を付けたい所に水を塗ってから、その上に優しく絵の具を置いてみようね」
「傘を差している自分や友達も描いてみよう」

用意するもの

- **色画用紙**
  八ツ切（クリーム・水・白・薄桃）
- **パス**
- **絵の具**
  （赤・橙・黄・緑・青・紫）
- **水**
- **筆**

色画用紙	パス
クリーム	茶
水	青
白	こげ茶
薄桃	赤

※今回は使用する色画用紙の色と同系色のパスを使用します。同系色を組み合わせることで、統一感や調和が取れます。白画用紙＋黒では黒の線が強調されすぎてしまうので、今回はこげ茶色を使用します。

傘を描こう！

1 パスで傘を描く

色画用紙の色に合わせたパスを使って傘の形を描きます。

「せんをいれて、いろをかえるんだよ」

2 水→絵の具の順で傘に色を付ける

傘に水を塗って、その上に絵の具を付けてにじませます。

水を塗って…

絵の具はそーっと…

「ふたつのいろがまざっているところがきれい！」

ポイント
水が乾いてしまうとうまくにじみません。色を付けたい所に水を塗って、乾く前に絵の具を置くとよくにじみます。

43

③ 話を膨らませながら傘以外の絵も描く

自分や友達など傘を差している人を描いたり、雨を降らせたりするなど周囲の様子を描きます。

おともだちと
かさを
もっているの

えのぐであめを
ふらせちゃおうっと

ぼくのかさが
いちばん
おおきいんだよ

ポイント

周囲の様子を描くことでもっと傘を増やそうとする子どももいます。手順にこだわらず子どもの描きたい思いに寄り添うようにしましょう。

子どもたちの作品

きれいないろに
なったでしょ？

おおきなかさに
ともだちを
いれてあげるよ

44

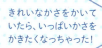
6月 雨の日が楽しい！ カラフル傘

\ きれいなかさをかいて
いたら、いっぱいかさを
かきたくなっちゃった！ /

\ いっぱいあめがふっても
このかさならみんなはいれるんだ！ /

\ いろをいっぱいまぜて、
きれいなかさにしたよ /

\ きれいなかさにきれいないろのあめが
いっぱいふってきたよ /

6月
にじ色の雨が降ってきたよ

パスやクレヨンを楽しもう

空からにじ色の雨が降ってきたら…そんな想像をしながら描くのを楽しみます。雨のような生活の中の出来事をきっかけに、自分なりの表現を加えながら描くことで、その楽しさを感じることができるようになります。

活動のねらい
- 思いを膨らませて描くことを楽しむ。
- いろいろな素材を使って描くことを楽しむ。

絵の具を出すタイミング
まずはパスでの表現に満足がいくまで見守りましょう。使わなければいけないということではありません。子どもの思いに合わせて使うようにしましょう。

活動のポイント

子どもなりのにじ色をイメージできるように
本来のにじ色にとらわれすぎず、どの色を使ったら自分のにじ色になるかを考えられるような問い掛けをしましょう。

「にじ色の雨どんなのかな？」
「ひとつぶにいろんないろ！」
「いろんないろのあめでキラキラしてるかな？」
「にじいろ？」

色画用紙の大きさは
今回はいっぱい描いた満足感を早めに感じられるように八ツ切にしました。年齢や経験によって大きさを変えてもいいですね。

導入・ことばがけ例

「雨の色って見たことある？」
「いろはないよ」
「そうだよね。雨が降ったらにじが架かることがあるけれど、にじがそのまま雨になって降ってきたらどんな色になるんだろう」
「いろんないろのあめがふってくるのかな？」
「そうなったら雨の日も楽しいね」
「どんな雨が降ってくるか描いてみよう」
（弱めの細い線で描いてみる）

「あれ？ あんまり見えない」
「もっとちからをいれないとこくならないよ」
「そうだね、ゆっくりと力を込めて描いたり塗ったりしてみよう」
「にじだからいろんないろのあめにしたい」
「にじのようにいろんな色が入った雨粒でもおもしろそうだし、上から違う色を重ねてもきれいになりそうだね」
「どんな色の雨にするかを考えて描いてみよう」

| 用意するもの | ● 色画用紙
八ツ切
（白・水・薄桃・クリームなどの薄めの色）
● パスまたはクレヨン | 〈絵の具を使用するとき〉
● 絵の具　薄めに溶いた物
※パスがはじく程度の濃度にします。
● 筆
● ぬれ雑巾 |

パスやクレヨンの上に絵の具で描いてみて、はじく濃さに調整しましょう。

パスやクレヨンで描こう！

1 にじ色の雨を描く

パスやクレヨンで思い思いのにじ色の雨を描きます。

いろいろなかたちのあまつぶだよ

あめのはんぶんだけちがういろでぬってみたんだ

ポイント
パスやクレヨンは力を込めて描くほうが美しい色が出ます。その子なりに力を込めて描けるような言葉を意識して掛けましょう。描けたときにはそれを認めて共感する言葉も忘れずに。

2 話が広がれば、描き加えていく

雨をきっかけにして話が広がれば、イメージを膨らませて描き加えていきましょう。

ここのみずたまりにあめがふってくるよ

おおきいあまつぶから、ちっちゃいあめがふるの

にじからあめがふってきたんだよ

47

絵の具を使ってみよう！

はじき絵を楽しみながら雨に色を塗ったり、好きな所に色を塗ったりします。

ようふくにもぬってみよーっと！

子どもたちの作品

パスやクレヨンを使った作品

みんなといっしょに、かさにはいっているよ

あめのいろがかさのいろになったんだ！

いろいろなあめがふってきて、みずたまりもきれいないろになっちゃった

おうちから、あめがふるところをみているの

絵の具を使った作品

ぜーんぶにじいろになっちゃった！

あかいにじからあかいあめ、あおいにじからあおいあめ…ってふるんだよ

えのぐでもっといっぱいふらせよう！

6月 ステキな長靴を作ろう！

パスで描く

雨の日は傘や長靴など、普段とは違う物を身に付けます。そんな体験を生かしながら、雨が降る日でも「履くと楽しくなる長靴」を考えて、絵を描いてみましょう。

活動のねらい
★ パスを使って楽しく絵を描く。
★ 思ったことを伸び伸びと描いて楽しむ。

活動のポイント

子どもの思いに共感して
「こんなことがかけたよ」「こんないろになったよ」など、子どもたちの声にできるだけ耳を傾けて、思いや発想に共感する姿勢で臨みましょう。

パスで伸び伸びと
パスは柔らかい素材で、描いたり塗ったりするのに適しています。子どもたちがパスに乗せて思いを伸び伸びと表現できるようにしましょう。

描き始められない子どもには
描きたい物が何かを子どもと一緒に考えてみましょう。周りの子が描いている物を一緒に見たり、描き始めたらその気持ちに共感したりしながら関わりましょう。

導入・ことばがけ例

「6月になると雨の降る日が多くなってきたね」
「雨が降っているときはどんな格好をするかな？」

「かさをさす！」
「ながぐつをはくよ」
「レインコートを、きることもあるよ」

「そうだね。いつもとは違う物を身に付けたり持ったりするよね」
「今日は、さっきみんなが言ってくれた長靴を描くよ」

「雨の日に履くと楽しくなるような長靴にしたいね」
「きれいないろをつけたらいいよ」
「もようがあるとおもう」

「そんな長靴だったら履くことが楽しくなるよね」
「じゃあ、今日はそんな長靴を描いてみよう。きれいな色や模様がよく見えるように大きな長靴にしてもいいね」

「どんな形になっているかを考えて描いてみて、雨の日でも楽しくなるような模様を付けてみよう」
「ステキな長靴ができたら、それを作っている人や履いている人も描いてみよう」

用意するもの

- **色画用紙**
  八ツ切(白・水・黄緑・薄桃)
- **パス**

長靴を作ろう!

1 長靴を描く

雨の日でも履くと楽しくなるような長靴を描きます。

♥ポイント

塗ることが楽しすぎて手早く塗ってしまい、色画用紙の色が透けて見えることもあります。「穴のあいた長靴にならないように」などと、丁寧に塗ることも伝えましょう。

6月 ステキな長靴を作ろう！

2 周囲の様子や長靴を履いている人などを描く

話を膨らませながら、長靴以外の物を思い思いに描きましょう。

あめがふったから
みずたまりが
できたの

もりのなかに
ながぐつが
あるんだ

ともだちにも
ながぐつをはかせて
あげるんだ

子どもたちの作品

ながぐつにもかさをつけてあげたよ

ながぐつをはいていたら、いろのついたあめがふってきた！

すきないろだけでぬったよ

ながぐつとかさをつけてみんなであそんでいるよ

ながぐつだけじゃなくてバッグもあるんだよ

いろをぬったところはみずたまりだよ

ながぐつとおなじいろのかさもあるよ

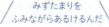

みずたまりをふみながらあるけるんだ

51

6月 いろいろ色のアジサイ

にじみ絵で描こう

アジサイの花が咲く6月に、にじみの技法を使って絵を描いてみましょう。にじむ様子を楽しみながらアジサイを描いてみよう。

活動のねらい

★ マーカーの線がにじむ様子を楽しむ。

★ 技法をきっかけに絵を描くことを楽しむ。

描くことが不安な子どもには

友達がやっている姿を見て、それがきっかけになることもあります。画板を横や向かい合わせに置くなどして配置も工夫しましょう。

活動のポイント

アジサイの数や大きさは

子どもによって1枚を大切に感じる子、数を増やすことに関心を持つ子など様々です。自分なりに紙の大きさの選び方を考えて描く姿勢を大切にしましょう。

自分なりの見通しを持って

一度、経験をすると見通しを持てるようになってきます。紙を好きなだけ先に貼って描くのか、1枚ずつ仕上げるのかなど、見通しを持って活動できるよう見守りましょう。

導入・ことばがけ例

「桃色や水色、紫色などの小さな花がいっぱい集まって咲いている花があるね。何の花か分かるかな？」

「アジサイ！」

「そうだね。いろんな色の小さな花が集まっているアジサイは、雨の中でもきれいに咲いているね」
「今日はそんなアジサイをいっぱい咲かせてみるよ」
「丸い紙を画用紙に貼って…あれ？　アジサイに見えない…」

「いろをぬったらいいよ」

「何色が似合うかな？」

「ピンク！」
「あおとか？」

「そうだね。アジサイは小さな花だから小さな丸を描いて…まだアジサイに見えないなぁ」

「もっといっぱいかいたら？」

「本当だね。ほかの色も使ってもいいね」
「このままでもきれいだけど、描いたアジサイを筆で水にぬらすと…ゆっくり大きくなってきたね」
「アジサイがいっぱい咲いたら、周りに見ている人も描いてみよう」

用意するもの

1. 色画用紙　八ツ切（水・薄紫・桃・薄桃）
2. 障子紙　大・小の丸型に切った物
- 水性マーカー
- 水
- 筆
- のり

アジサイを描いてみよう！

1 色画用紙に丸型の障子紙を貼り、花の模様を描いて水を塗る

障子紙の周囲にのり付けをして貼り、丸や点や線などを花の模様に見立てて、水性マーカーで描きます。その後、筆で水を塗ってにじませます。

障子紙を貼って…

> まわりにのりをぬって…どこにはろうかな

模様を描いて…

> みずいろのアジサイがいっぱいさいているんだ

> こんどは、よこにならべてさかせてみよう

> ひとつめがきれいだったから、ふたつめもまるをならべてみよう

> ぬったところのいろがおおきくなってきた

水を塗って「にじみ」を楽しもう！

 ポイント

アジサイの花を描く前に、線がにじんだときの楽しさも伝えておきましょう。あらかじめ見せたり伝えたりしておくことで、子どもたちも活動の見通しを付けやすくなります。

2 周囲の様子を描く

アジサイの花を描き足したり、見ている人など周囲の様子を描いたりします。

「みているひとを いっぱいかいて みようっと」

「アジサイのうえに のってあそんで いるんだよ」

「みんな「アジサイがきれい!」って いっているの」

 ポイント

描きたい物を繰り返し描くのも楽しみの一つです。繰り返し描く中でイメージが広がるきっかけがあれば共感し、思いを広げられるような言葉を掛けるようにしましょう。

6月 いろいろ色のアジサイ

子どもたちの作品

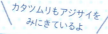
カタツムリもアジサイをみにきているよ

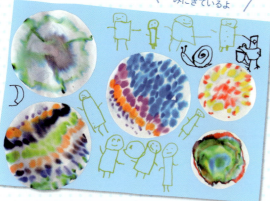

アジサイがさいたのをみて「きれい」ってよろこんでる

まるいかたちのアジサイをかんがえたんだ

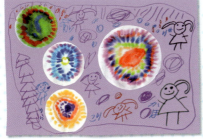

アジサイのうえからあめがふってきたの

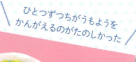
ひとつずつちがうもようをかんがえるのがたのしかった

いっぱいみずをつけたらとなりのいろとくっついてきてきれい！

55

7月 冷たーい、かき氷

絵の具のにじみを楽しもう

暑い夏。冷たいかき氷を思い出しながら絵を描いてみるのも楽しいですね。にじみの技法を使ってお絵描きを楽しみます。

活動のねらい

★ 思い思いの表現を楽しむ。
★ 絵を描くことを楽しむ。

環境構成の工夫

たっぷり絵の具を含ませた筆からは絵の具が垂れやすいので、4～6人のグループをつくり、絵の具と色画用紙までの距離は短めにしましょう。

活動のポイント

「にじみ」をゆっくり待つことばがけを！

シロップ用絵の具を乗せた後、少し置いておかないと「にじみ」が起こりません。導入のときに、ゆっくり待って見るような言葉を掛けましょう。

かき氷以外の物を描く場合

シロップ用の絵の具では線が見えないことがあります。子どもの要望に応じて濃いめの絵の具と細筆を準備するといいでしょう。

💡 導入・ことばがけ例

「暑いときに、冷たいかき氷を食べるとおいしいね」

「イチゴあじをたべたことがある！」
「みどりいろのもたべたよ」

「メロン味かな？ どれもおいしそうだね」
「今日はかき氷の絵を描こうと思って絵の具を持って来たよ。氷に使うのはどの色がいいと思う？」

「しろがいいとおもう！」

「じゃあ、氷には白色を使おうね」
「いろいろな味のシロップの絵の具も用意しているよ」

「これはイチゴのいろだ」
「レモンやマンゴーもあるよ！」

「いろいろな味があっておいしそうだね」
「じゃあ、先生が先に描いてみるね」
「まずは氷の色を塗ってみるよ。たっぷり絵の具を付けたほうが後から乗せるシロップもおいしそうに掛けることができるんだよ」

「上からそーっとシロップの絵の具を乗せるよ。たっぷり付けて、ゆーっくり待つと…」

「わー、シロップがおおきくなってきた！」
「違うシロップも乗せようかな」

「ちがういろもいいの？」

「おいしそうだと思ったら、どの色でもいいよ」
「シロップを乗せるように筆を置いてゆっくり待つと、おいしそうなかき氷になるからね」

用意するもの

① 色画用紙
四ツ切
（藍・緑・濃橙・赤など白絵の具が映える色）

② 絵の具（ポスターカラー）
＜氷用＞白
※色画用紙の色が透けない程度の濃度で。水は多めに。
＜シロップ用＞橙・赤・青・黄緑・黄など
※色画用紙の色が少し透ける程度の濃度で。水は多めに。
＜容器や人物などを描く用＞灰など
● 筆

> にじみの広がりを強めるために、シロップ用絵の具に台所用中性洗剤を数滴加えます。事前に氷用絵の具の上にシロップ用絵の具を乗せ、にじみ具合を確かめましょう。

かき氷を描こう

1 氷を描く

白い絵の具を氷に見立て、描いていきます。

> こおりを いっぱい かきたいな

ポイント
「にじみ」を待てず筆で混ぜてしまう子どももいます。絵の具を楽しいと感じてもらう活動でもあるので、色を混ぜるのが楽しいようであればそれも認め、丁寧に描くように伝えましょう。

2 シロップを乗せる

シロップに見立てた絵の具を筆にたっぷりと含ませ、白い絵の具の上にそっと乗せます。

> きれいな かきごおり だよ！

> おなじあじが いっぱい！

ポイント
自分なりの色の選び方や置き方を考えられるようにしましょう。

③ 容器や人物を描き加える

子どもたちの思いに合わせて、絵の具を準備したり、言葉を掛けたりします。

「かきごおりをたべているんだよ」

「みんなのぶんのかきごおりだよ」

「いっぱいかきたい」「たべているひとをかきたい」「おさらにいれたい」などの言葉に共感し、表現を楽しめるようにしましょう。

子どもたちの様子

「いろんなかたちのおさらにいれよう」

「おおきなかきごおりだからおおきいおさらにいれるんだよ」

「もっとこおりをおおきくしようっと」

7月 冷たーい、かき氷

子どもたちの作品

おおきなかきごおりを
みんなでたべちゃうよ

どのかきごおりが
おいしいとおもう？

かきごおりがにんげんに
なったんだよ

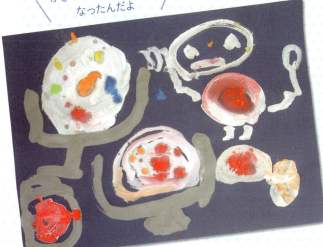

いろまぜしたのも
たのしかったよ

ひとりにいっこずつ
かきごおりをつくったよ

7月 夜空にお星さまキラキラ

パス / 絵の具

暗めの色画用紙に描こう！

夏の夜空を眺めると、大きな空にいっぱいの星がきらめいています。どんなお星さまがあるかを考えながら、夜空をイメージした色画用紙にパスでお絵描きをしてみましょう。

活動のねらい

★ パスを使って絵を描くことを楽しむ。

★ 伸び伸びと自分なりの表現をすることを楽しむ。

活動のポイント

星をイメージする
自分で考えた星の形や色を表現できるような言葉の掛け方や雰囲気づくりも大切です。絵本や図鑑を活用して、いろいろな星をイメージしやすくしましょう。

思いを広げる
星を描くことで子どもの思いが広がってきます。それぞれの思いや言葉に共感し、その子なりの表現が楽しめたり、広げられたりできるように心掛けましょう。

パスの特徴を生かす
パスは思い通りに線が描きやすく、伸びがいいので、塗り込むのにも適しています。活動の中で、線を丁寧に描くことや力強く塗り込むことも伝えましょう。

導入・ことばがけ例

- 「みんな、夜の空を見たことあるかな？」
- 「真っ暗な空でも、見える物があるよね」
- 「おつきさまがみえる！」
- 「ほしもみえるよ」
- 「暗い中でもキラキラしているよね」
- 「みんなと夜空にキラキラと光っているお星さまを描こうと思って、真っ暗な夜に見える色の画用紙を持って来たよ」

- 「お星さまってどんな色や形をしているか、見たことあるかな？」
- 「ピカ、ピカってひかってて、とんがっているよ」
- 「まーるいのもあるよ」
- 「いろいろあるんだね」
- 「星の図鑑も持って来たよ」
- 「あかいほしがある」
- 「わっかがあるほし、みたことあるよ」
- 「いろんな星の色や形があるんだね」
- 「今日は夜空の絵にキラキラ光る色を使うよ。パスの箱の蓋に出して、それを使ってお絵描きしよう」

- 「ゆっくりと描くとお星さまがよく見えるし、しっかり塗るとキラキラ光ってとてもきれいになるよ」
- 「おもしろい形のお星さまも考えて描いてみよう」
- 「お星さまがいっぱいキラキラ光ったら、周りにほかの物を描いてもいいね」

用意するもの

- ● 色画用紙
  四ツ切(藍・青紫・黒)
- ● パス
  (白・灰・薄橙・桃・黄・橙・水・黄緑)
  ※濃い色画用紙に描いても見えやすい色を使います。
- ● 星に関する絵本や図鑑
  ※導入に使用。

〈絵の具を使用するとき〉
- ● 絵の具　薄めに溶いた物
  (白・灰・薄橙・桃・黄・橙・水・黄緑)
  ※パスがはじく程度の濃度にします。

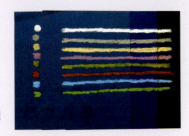

夜空に浮かぶ星を描こう！

1　パスで思い思いに星を描く

パスで線を描いたり塗り込んだりして星を描きます。

たくさんのいろのおほしさまがあるの

ピンクのおほしさまにみずいろをぬったら、いろがへんしんしたよ

ちいさくてまるいもようがいっぱいついているおほしさまだよ

おおきいほしも、ゆっくりぬったらひかってきた！

ポイント
形や大きさよりも、ゆっくりと丁寧に描くことの大切さも伝えるようにしましょう。

61

2 星からイメージを広げて周りに描く

どんな星か、誰がいるかなどを考えて、人物やロケットなども描いてみましょう。

たかーい
マンションだから、
おほしさまが
よくみえるんだ

ロケットで
おほしさまの
ところまでいくよ

子どもたちの作品

ともだちと、いろがいっぱいの
おほしさまをみているよ

おおきいほし、ちいさいほし、
ながれぼし…。
いっぱいかんがえてみたよ

7月 夜空にお星さまキラキラ

ロケットにのってほしをみにいくんだよ

いろいろなもようの
おほしさまがあって
きれいでしょ

ロケットをおりてほしをみにいっているところだよ

遊びを広げよう

絵の具で仕上げてみよう！

パスの表現だけでは物足りない場合、絵の具を加えてみてもいいでしょう。パスの上から塗って使うこともできます。

絵の具を塗ると目立たなかったパスの線が見えるようになりました。

ロケットを絵の具で塗ったことが、星をもっと描いてみようという気持ちにつながりました。

63

7月

パスと絵の具で描く

いっぱい洗おう、洗濯屋さん

天気のいい日に、たくさんの洗濯物が干してある"洗濯屋さん"をイメージして絵を描いてみましょう。どんな物が干してあるかを考えながら描くと楽しいですね。

活動のねらい

★ 身近な出来事をきっかけにして絵を描くことを楽しむ。
★ パスを使って力強く伸び伸びと表現することを楽しむ。

ゆっくり、丁寧に

描きたい物を描くことによってパスを丁寧に扱うことや、力強く描くことにもつながってほしい時期です。「ゆっくり、丁寧に」を心掛けられるようにしましょう。

活動のポイント

普段の生活から！

洗濯屋さんのイメージを持ちにくい子どもには、普段自分の家でどのように洗濯をしているかを聞き取るなど、具体的に感じられるようにしましょう。

描くことが楽しいと思えるようになれば

絵を描く活動に少しずつ慣れ、楽しいと思えるようになれば、大きな色画用紙などに挑む機会をつくってもいいですね。空間を全部埋めるようにではなく、伸び伸びと描くことができるように言葉を掛けましょう。

導入・ことばがけ例

「みんな、洗濯をしたことある？」
「おかあさんがする」
「洗濯機は知っている？」
「ふくをいれてみずがジャーってでる」
「せんざいをいれて、ボタンをおしてあらう！」
「汚れた洋服を洗濯機に入れて、洗うんだよね」
「みんなは洗濯物を干したことあるかな？」

「ほしたことない」
「どうやって干すか分かるかな？」
「ようふくかけるのがあるよ」
「ハンガーに掛けたり、物干しざおっていう棒に掛けて干したりするよね」
「今日は、洋服をいっぱい洗うことができる洗濯屋さんを描いてみるよ」
「洗濯屋さんには何があるかな？」
「せんたくき！」

「いっぱい洋服が入る大きな洗濯機や、1枚ずつ洗える小さい洗濯機があってもおもしろそうだね」
「ほすところもいるよ」
「たくさん洗濯物があるから干す所もたくさんいるね」
「洗濯機やどこに干したらいいかを考えて描いてみよう。描けたら、洗濯している人とか、描いてみたい物を考えて描いてみよう」

用意するもの
❶ 色画用紙
　四ツ切(黄緑・白・水・黄)
● パス
❷ 絵の具
　(白・緑・赤・橙・黄を薄めに溶いた物)
● 筆

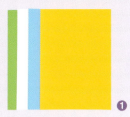

洗濯屋さんを描こう

1 パスで洗濯屋さんを描く

洗濯屋さんの中の様子や、どんな洗濯物があるかを考えて描きます。

だんだんとおおきいせんたくきになってきた

いろんないろのようふくをほしているの

せんざいがでるボタンをかかなくちゃ

あらっているせんたくきのなかがみえるよ

65

② 話を広げて描いたり、絵の具で塗ったりする

自分なりの話を広げながら描いたり、絵の具で塗りたい所を塗ったりします。

「うえもしたも せんたくきに なっているよ」

「いっぱいならんだ パンツはおなじ いろなんだ」

「かわいいドレスを ほしたから、 きれいにいろを ぬろうっと」

「このひとが ようふくを せんたくしているの」

 ポイント
絵の具は、話を展開するときに使ったり、新しいきっかけとして使ったりするための物です。必ず使用する物ではないので、子どもたち一人ひとりの必要に応じて使うようにしましょう。

7月 いっぱい洗おう、洗濯屋さん

子どもたちの作品

たかくてながいせんたくき
だから、うえまでいっぱい
ようふくがはいるの

ようふくもスカートも
くつもあらってくれる
せんたくやさんなの

せんたくきから
すぐにほせるよう
になっているんだ

はしごをのぼって、うえから
ようふくをいれられるよ

せんたくきをいろんないろで
ぬって、きれいになったよ

せんたくきのなかは、
おみずがグルグルまわっているよ

うえのせんたくから、
みどりのみちをとおって
ようふくがとどくんだ

67

7月 いっぱい釣れたよ

墨汁・絵の具

墨汁を使って、筆で描こう

大きな船に乗ってみんなで海に魚釣りに行ったところを想像しながら絵を描いてみましょう。墨汁や絵の具を使って、大きな色画用紙に伸び伸びと描くことを楽しみましょう。

活動のねらい
★ 筆を使って描くことを楽しむ。
★ 伸び伸びと絵に表現することを楽しむ。

色を選ぶ
今回は絵の具の色を多めに準備しています。子どもにとっては色を選ぶことも大切な活動です。思い思いの色を選び、好きな所に塗れるようにしましょう。

活動のポイント

筆の使い方
小さい物や細かい部分を描くためには大筆の先を使ったり、小筆を使ったりすると描きやすいことを伝えて、自分の描きたい物に合った筆や使い方に気付けるようにしましょう。

伸び伸びと描ける雰囲気を
伸び伸びとした気持ちで描くことを楽しめるようにしましょう。大きな色画用紙に戸惑う子どもがいれば寄り添い、何を描いてみたいかを聞き取り、気持ちをほぐすようにしましょう。

導入・ことばがけ例

「今日は、みんなで魚釣りに行っているところを描いてみるよ」
「魚を釣ったことはあるかな？」

「ないけど、みたことならあるよ」

「どうやって釣っていた？」

「ぼうみたいなのでつっていたよ」

「釣りざおだね。釣りざおには長い糸が付いていて、糸に餌を付けて魚を釣るんだよ」
「魚釣りはどこでするんだろう？」

「うみ！」

「海にはいっぱい魚がいそうだね」

「いっぱいだから、いっぱいつれるよ」

「本当だ！今日は広い海で船に乗って魚を釣ろう」
「みんなで魚釣りができるような大きな船がいいね」
「船の中には何があるのかな」

「うんてんするところがないと、でかけられないよ」
「さかなをいれるところもあるよ」

「そうだね。運転する所とか、釣った魚を入れる所があるといいね」
「今日は大筆と小筆を準備しているよ。船を大きく描きたいと思ったら大筆、乗っている人の顔や魚を小さく描きたいと思ったら小筆で描いてみよう」
「描いた後は、いろいろな色の絵の具で塗ってみよう」

| 用意するもの | ❶ 色画用紙
　　四ツ切（白・薄桃・クリーム・水）
● 墨汁
❷ 絵の具
　　（赤・橙・黄・緑・紫・青・白）
● 筆　（大・小） |

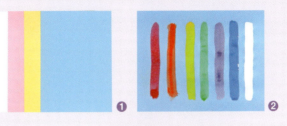

船を描いてみよう！

1 墨汁で船や乗っている人を描く

描きたい物に合わせて大筆と小筆を選びながら描きます。

ポイント
大筆と小筆を使い分けることにも挑戦しましょう。かすれた線になるときは、もう一度墨汁を付けるように伝えましょう。

ポイント
筆に含んだ墨汁を容器の縁で落として適量な量にするなど、基本的な約束事も伝えましょう。

69

2 絵の具で色を塗ったり描いたりする

塗りたい所や色を足したい所に
絵の具を塗ります。

うんてんする
ところをえのぐで
かいたよ

つりざおのいとも、
いろつきに
しようっと

いろいろな
いろのさかなを
つっているよ

ポイント

墨汁が乾かないうちに絵の具を塗ってしまうと色が濁ってしまいます。乾いた所に色を塗ると、濁らずに塗ったり描いたりできることも伝えましょう。

7月 いっぱい釣れたよ

子どもたちの作品

ふねのはしごを
いろいろないろで
ぬったのがたの
しかったよ

つっているさかなが
にこにこわらっているの

おおきなふねにいっ
ぱいへやがあって、
みんなでつりがで
きるんだよ

つるのがたのしくて、
つるひとがふえたよ

つるだけじゃなく
て、ふねのなかか
らさかなをみるこ
とができるよ

さかなのごはんをかいていたら、
たのしくてどんどんかいちゃった

サメがつれて
みんなでよろこ
んでいるんだ

8月 お魚さんの模様が広がったよ

ペンでのにじみを楽しもう！

水の中を泳ぐ魚はいろいろな色をしていますね。今回は水性フェルトペンでのにじみの技法を使います。魚の形の紙に模様を描いて、水を吹き掛けてにじませ、自分だけの魚を泳がせてみましょう。

活動のねらい
★ 水性フェルトペンを使って遊ぶ楽しさを知る。
★ 好きな色を使ったり、好きな模様を描いたりすることを楽しむ。

活動のポイント

環境構成について
今回は、描くスペース、霧吹きを掛けるスペース、乾かすためのスペースに分けて、子どもの動線を考えて場を構成しました。

魚の形について
にじみに興味を持ったり、描くことを楽しんだりするための活動です。魚の形はシンプルにして、本来の活動の楽しさを味わえるようにしましょう。

5歳児の活動の場合
「魚の形に切りたい」「霧吹きも使いたい」という気持ちが高まると同時に、用具や道具を使う技能も高まります。次のことに配慮して活動するといいでしょう。

【魚の紙】子どもがハサミで切りやすい大きさ（例：子どもの手のひらサイズ程度）を準備。

【霧吹き】レバーの角度など子どもが扱いやすい物を選び、水を掛けすぎないなどのルールを伝えます。にじませたくない部分（顔など）だけ油性フェルトペンで描き、模様だけをにじませることもできます。

導入・ことばがけ例

「今日は、こんな紙を持って来たよ」
（魚の紙を見せる）
「サカナだ！」
「そう、このお魚さんを元気に泳がせたいのだけど…」
「かおをかいたほうがいいよ」
「サカナのおなかにうろことかかいたほうがいいとおもうよ」
「それはいいね！ うろこの模様を描いたら元気な魚に見えるよね」

（うろこを描いてみせる）
「しっぽにも描いて…」
「この模様に水を掛けて、もっといっぱい増やしてみるよ」
「顔の部分は紙で隠して…」
（霧吹きで模様に水を掛ける）
「うろこがおおきくなってきた！」
「好きな魚を選んでやってみよう」
「模様が描けた人は、先生の所で霧吹きするから持って来てね」
「それもできたら、水の上（ポリ袋）に置いて、泳がせてみよう」

用意するもの

- ● 障子紙または和紙
  魚の形に切った物
  ※形や大きさを数種類用意。
- ● 水性フェルトペン
- ● 下に敷く紙（B5かA4サイズ）
  ※描くときの下敷きとして。白色は見えにくいので、色画用紙や新聞紙などを使います。
- ● 画用紙（小片）
  ※霧吹きする際、魚の顔を隠すのに使います。

- ● 霧吹き
- ● プチプチシート
  ※霧吹きする机に下敷きとして敷く。汚れを雑巾で拭き取れば何度でも使えます。
- ● 雑巾
- ● ポリ袋（水色など）
  ※乾かす場として。

〈共同の製作につなげる場合〉
- ● 模造紙（水色など）
- ● ビニールテープ
  ※今回は厚手のプラスチックシート（牛乳パックの側面で代用可）に貼り、カッターナイフで切り込みを入れた物を用意。

ビニールテープ
プラスチックシート

魚を描こう！

1 魚の顔や模様を描く

水性フェルトペンで魚の形に切った紙に顔やうろこなどの模様を描きます。

いろいろないろでかいちゃおう

まるーいウロコがいっぱいあるよ

2 霧吹きを魚に掛ける（保育者）

顔の部分はにじまないように画用紙で隠して水を吹き掛けます。

にじまないように

顔を隠そうね

きれいなサカナでしょ！

ウロコがおおきくなってきたよ！

③ ポリ袋の上で乾かす

水色のポリ袋の上で乾かし、魚が泳いでいるように見せながら置いていきます。

「およいでいるみたい!」

ポイント
ポリ袋に置く所がなくなりそうになったら追加のポリ袋を広げると、子どもたちも新しい水(ポリ袋)の所にももっと魚を置きたいと思うようになります。

屋外で乾かす場合

ひもに洗濯バサミを通して、乾かしながら飾ることもできます。

「かぜがふくとおよいでいるみたい!」

みんなで川の中を描こう！

乾いた魚を川などに見立てた模造紙にビニールテープで貼っていきます。周囲に描きたい物があれば、水性フェルトペンで描き加えます（事前に川などの様子を描いた模造紙に魚を貼っていってもいいでしょう）。

さかなの
おともだちを
かくよ

どのいろの
テープで
はろうかな

子どもたちの作品

ふねにのって
つりをしているよ

みんなで
あそんで
いるんだよ

いっぱいさかなを
かいてともだちを
ふやしたよ

8月 雲の上って何がある?

色画用紙の形をきっかけに描く

空にもくもくと大きく広がる雲が見られるこの季節。雲の形に見立てて切った色画用紙をきっかけに絵を描いてみましょう。ふわふわの雲の上は、どんな所でしょうか?

活動のねらい

- 自分の思いを絵に表現して楽しむ。
- 想像を膨らませながら絵を描く楽しさを味わう。

活動のポイント

水性フェルトペンで描く楽しさを生かす

水性フェルトペンには思いのままに表現できるよさがあり、細やかな表現を楽しめます。そのことを生かしながら、丁寧に描くことも伝えるようにしましょう。

雲の形に切るときに、切り離してしまって当然!

描くことを楽しむためのきっかけづくりなので、誤って切り離してしまっても問題ありません。それぞれの雲に描くのも、テープで貼って描くのも自由。柔軟に対応できるようにしましょう。(3・4歳児の場合…p77)

発想が出やすい雰囲気づくりを!

絵の描き始めは、子どもたちの発想を受け止めながら、イメージが湧きやすくなるようなやり取りを心掛けるようにしましょう。

導入・ことばがけ例

「空にふわふわ浮かんでいる雲を見たことある?」

「ある! そらのたかいところにあるよ」

「そうだね。高いからどんな所なのか見えないけど、ふわふわした雲の上はどんな所かな?」

「あめをふらせるひとがいるのかな?」
「あそべるところがあるかも」

「今日は、その雲の上がどんな所か描いてみよう」
「雲は白いけれど、こんな色の雲もあったらいいなと思って、白以外の色も持って来たよ」
「この画用紙で最初に雲を作ってみよう」

(子どもは色画用紙を選び、ここからは保育者と同時進行で進める)

「最初に画用紙を半分に折って…もう1回半分に折るよ! 画用紙の端を見てね」
「紙が4枚重なっている所と、折れている所があるよね」
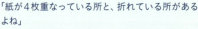「折れている所を手で持って、ハサミを上に、下にとゆっくり波のように動かしながら切るよ。広げると…」

「くもみたい!」

「そうだね! 雲ができたら絵を描いてみようね」

用意するもの

- ❶ **色画用紙** 四ツ切（水・薄桃・クリーム・白）
- ● 水性フェルトペン
- ● ハサミ
- ● セロハンテープ
  ※画用紙を切り離してしまったときに使用。

〈絵の具を使用するとき〉
- ● 絵の具 （青・赤・黄・白）
- ● 筆

〈3・4歳児の場合〉
雲の形に切ることが難しいので、あらかじめ保育者が切った物を準備するといいでしょう。

はなれちゃった！

雲の上を想像して描こう！

1 色画用紙を雲の形に切る

色画用紙を四つ折りにして、折れているほうを手で持ち、ハサミを波のように上下に動かしながら切ります。

初めは、折れているほうを持って…

紙が4枚重なっている所を波のように切ります。

広げて…

ぼくだけのくものかたちができた！

 ポイント
もし、うまく切れなくて切り離してしまっても大丈夫！テープで貼ったり、それぞれを雲に見立てたりして絵を描いてみましょう。

2 雲の上を想像しながら思い思いに描く

描きたい思いがあっても形にできない子には、「○○から描いてみよう」と具体的なきっかけを提案するのもいいでしょう。

ふたつのくもをがったいしたらちかしつができたよ！

いえからみえるほしをいっぱいかいたよ

子どもたちの作品

ブランコにシーソー…くものうえのこうえんだよ

おおきなはなのすべりだいであそんでいるの

8月 雲の上って何がある？

ちかしつにかいだんやはしごをつけたよ。くるまででかけられるよ

くもからしゅっぱつするロケット。ロケットにのるひとと、みているひとだよ

いっぱいへやのあるいえ。カラフルでしょ！

遊びを広げよう

飾り方にひと工夫！

壁や天井を生かして、雲のイメージで立体的に飾ってもいいですね。

絵の具で仕上げてみよう！

絵の具を使うことで、子どもの思いを強調することができます。

雲の縁をなぞることで、描いてある物を引き立てることができました。

線路によって行き先が違うので、色分けをして、どこに行くのかを分かるようにしました。

8月 パフェをどうぞ！

絵の具 ペン

白絵の具の上から描いて混ぜて

冷たいアイスクリームや果物が乗ったパフェを描いてみましょう。絵の具と絵の具が混ざり合って、おいしそうな色になる様子を楽しもう！

活動のねらい

★ 色の楽しさを感じる。
★ 自分なりの表現を楽しむ。

活動のポイント

絵の具の濃さ
白とほかの色が混ざる不思議さやきれいさ、おもしろさを感じてほしい題材です。事前に絵の具の濃度や混ざり具合を確認しておきましょう。

自分なりの表現を
容器の形や数、アイスクリームや果物の種類や数など、描きたいと思う物を自分なりに考えて表現できるよう、見守ったり言葉を掛けたりしましょう。

ペンを使って
細かい部分を描くことができるように水性フェルトペンの準備をしていますが、絵の具だけでも構いません。描きたい物に合わせた描画材料を使えるようにしましょう。

導入・ことばがけ例

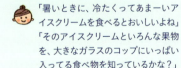

「暑いときに、冷たくてあまーいアイスクリームを食べるとおいしいよね」
「そのアイスクリームといろんな果物を、大きなガラスのコップにいっぱい入ってる食べ物を知っているかな？」
「しってる！」
「パフェ！」
「そう、パフェっていうんだよね」
「みんな食べたことある？」
「たべたことある！」
「どんなパフェだった？」

「アイスクリームがいっぱいのってた」
「どんな味のアイスクリームだった？」
「果物も入っていた？」
「イチゴのアイスクリームだった」
「ミカンとかのってたよ！」
「どんな入れ物に入れるといいと思う？」
「したがまるくて、いっぱいアイスがはいるようなのがいい」

「いっぱい入るように大きな入れ物を描こう」

「たくさんかいてもいい？」
「そうだね、たくさんほしいなっていう人はたくさん描いてもいいね」
「入れ物が描けたら中に好きなアイスクリームや果物を描こう」
「食べている人を描きたかったらペンで描いてみてもいいね」

80

用意するもの

❶ 色画用紙
　四ツ切（水・黄緑・黄・橙・桃）
❷ 絵の具
　（白・赤・橙・黄・黄緑・紫を
　濃いめに溶いた物）
● 筆
● 水性フェルトペン

パフェを描いてみよう！

1 白絵の具でパフェを入れる容器を描く

容器を好きな大きさで好きな数だけ描きます。

「ちいさい いれものをいっぱい かいてみるよ」

「おおきい いれものだから、いっぱい ぬらないと」

ポイント
濃いめの絵の具なので、できるだけたっぷりと絵の具を付けて、ゆっくり描くように伝えましょう。

2 容器の上に絵の具でアイスクリームなど入れたい物を描く

ゆっくりと描くことによって下地の白絵の具と混ざり合います。色が変化する様子も楽しみましょう。

「しろいえのぐと まざるのが たのしくなって きたよ」

「おおきいイチゴを いっぱいのせて みたよ」

「ブドウの アイスだよ」

81

❸ 食べている人など周囲の様子を描く

食べている人や作っている人、スプーンなどを思い思いに描きましょう。

「パフェをつくっているおみせでたべているところなの」

「みんながちいさいスプーンをもってたべにいくよ」

「パフェをたべるおみせのなかもかこうっと」

ポイント
絵の具の上から水性フェルトペンで描きたいと思う子どもがいれば、絵の具が乾いているかどうかを確認してから描くように伝えましょう。

子どもたちの作品

「ちいさいアイスクリームをいっぱいいれてみたの」

「パフェにのって、うえからたべていくんだよ」

「どこからたべようかなってかんがえているんだよ」

「みんなおいしいってニコニコしているよ」

「しろとまざっておいしそうなアイスになったよ」

「いろいろないろでいろいろなくだものをいれたよ」

「おおきなスプーンじゃないとたべられないんだ」

8月 まぜまぜジュース

パスの混色を楽しもう

イチゴの色とミルクの色を混ぜると…イチゴミルクジュースに!? パスの混色を楽しみながら、いろいろな味のジュースを想像して絵を描いてみましょう。

活動のねらい

★ パスの感触や、色を重ねたり並べたりすることを楽しむ。

★ 自分なりの表現で描くことを楽しむ。

活動のポイント

目安は「おいしそう」

色の美しさを感じてもらうため、おいしそうなジュースを作ることを伝えながら色の選択や数も考えられるようにしましょう。

話を広げられない子どもには

ジュースが描ければ、数を増やしていくのも一つです。ほかの物を描き出せない子には、絵の中の話題を取り上げて絵と子どもたちをつなげるような提案してみましょう。

表現できる準備を

思ったことを線や形で表現できるようになることが大切です。友達が描いている物や保育者の言葉から思いが湧き上がることがあるので、画板の置き方や環境の設定を考えましょう。

導入・ことばがけ例

「暑い日には、冷たくておいしいジュースが飲みたいね」
「どんなジュースが好きかな?」

「ぼくはくだもののジュースがすき」
「リンゴのジュースもおいしい」

「今日は自分の好きなジュースを絵に描いて作ってみるよ」
「ジュースを入れたいけど…どこに入れようかな?」

「コップがいるよ!」

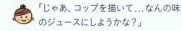「じゃあ、コップを描いて…なんの味のジュースにしようかな?」

「オレンジジュースは?」

「先生も好きだよ。じゃあオレンジジュースにしてみよう」
「オレンジもいいけど、ほかの味も入れて飲んでみたいな」

「サイダーとかまぜてみたら?」

「おいしそう! 何色を使ってみようかな」

「しろとか?」

「白が泡にも見えるね。じゃあオレンジにサイダーを重ねて…ちょっと色が変わったのが分かるかな」

「サイダーとまざった!」

「混ざっておいしそうになったね。みんなも好きな形のコップに好きな味のジュースを混ぜて、おいしいジュースを作ってみよう」
「おいしいジュースを飲んでいる人とかを周りにも描いてみよう」

用意するもの
- 白画用紙　四ツ切
- パス

ジュースを描こう

> ぼくのコップは、もっところがついているよ

1　色を混ぜてジュースを描く

パスを2色以上塗り重ねて、味を想像しながら思い思いのジュースを描きます。

> さきにいっぱいコップをかいてからジュースをいれようっと

> ここはブドウ、ここはソーダ…あじがちがうよ

> あじをならべたジュースと、まぜたジュースもあるの

> おおきなコップにいろんなあじのジュースがはいっているんだ

 ポイント
重ねて塗ることで、塗り重ねた部分にパスの厚みが出て、つるつるとした感触が出ます。それをじっくりと楽しみながら、丁寧に力強く色を塗る大切さを感じられるようにしましょう。

8月 まぜまぜジュース

2 ジュースをきっかけにして話を広げて描く

ジュースを飲んでいる人やお店など、自分なりに話を広げて描きます。

くるまにジュースをのせて、みんなのところにもっていくよ

いろんなあじのジュースをうっているの

テーブルとイスがあるから、ここでジュースをのめるよ

子どもたちの作品

おみせにならんだすきなジュースをとってね

ぼうしをかぶっているおみせのひとが「おいしいジュースだよ」ってうっているの

ストローがつながっていて、みんなでいっしょにのめるよ

まんなかのジュースのコップからすきなあじをとって、まぜてのむんだよ

まんなかのところがまざっていておいしいよ

ストローでのんでいるひとが「おいしい！」っていっているよ

くだものをいっぱいつかったジュースができた！

85

9月

簡単なしかけを使った絵あそび

バスでお出掛け、楽しいな!

子どもたちは大きなバスが大好きです。バスで遠足やお出掛けをすることも多いでしょう。今回は、そんなお出掛けをイメージして、簡単なしかけを使った絵あそびを楽しみます。

活動のねらい

- ★ イメージを広げて描くことを楽しむ。
- ★ しかけを使って遊ぶことを楽しむ。

描くきっかけの一つに

バスに乗りたい気持ちや乗った経験をきっかけに描いてもいいですね。気持ちや経験をきっかけの一つとして発想を広げられるようにしましょう。

活動のポイント

友達同士の交流に

自分の道路だけでなく、友達の道路で走らせてみるなど、子どもたちの交流も踏まえながら進めてもいいでしょう。

展開形
みんなで楽しむ活動へ

模造紙など大きな紙の上を街に見立てるなどすると、みんなで楽しめる活動になります。模造紙を壁に貼れば、道路を走らせている雰囲気をさらに楽しむことができます。

導入・ことばがけ例

「みんな、バスに乗ったことある?」

「ある! かいものにいったときにのった」
「みんなとえんそくにいったときにおおきなバスにのったよ」

「バスっていっぱい人を乗せられるよね」
「今日はこの画用紙で、みんなが乗って出掛けられるバスを作ってみようと思います」
「画用紙を半分に折ると、バスに変身するよ」
「バスの表と裏、両方に絵を描こう」

「タイヤとか、まどもあったらいいとおもう」

「そうだね。タイヤを描いて…、窓も描いたら、中に乗っている人を描いてもいいね」

「さっき折ったのは背の高いバスだったけど、画用紙を横向きにして半分に折ると…」

「ながいバスになった!」

「そうだね! じゃあ、好きな色を選んで、どっちのバスにするか考えたら、画用紙を折って、絵を描いてみよう」
(バスが完成してきたら…)

「画用紙で道路を作ったよ。両端にのりを付けて大きい画用紙に貼ってみよう」
「バスを道路に引っ掛けて、動かすことができるよ」
「裏返して走らせてもいいね」
「道路や道路の周りにも絵を描いてみよう」

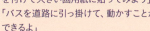
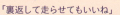
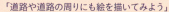

用意するもの

- 色画用紙
  - <① バス用>
    八ツ切の半分サイズ（黄・桃・水）
  - <② 道路用>
    四ツ切の1/6サイズ（灰・薄茶・白）
  - <台紙用>
    四ツ切（白・やまぶき・薄桃・黄緑）
- 水性フェルトペン
- のり

バスを作ろう！

1 色画用紙を半分に折ってバスを作る

折ったときの形を考えて色画用紙を半分に折り、バスを作ります。

2 バスの中の様子などを描く

バスの中にある物や乗っている人などを描きます。

ポイント
二つに折っているので裏面にも描いて両面がバスになるようにしましょう。

バスを走らせよう！

道路用の色画用紙の両端にのりを付け、台紙に貼ります。

「みんなで こうえんに あそびにいくの」

「わたしのバスも いっしょにいく！」

行きたい所などを考えて描きます。

バスを道路に引っ掛けて動かします。友達の道路で一緒に走らせてもいいですね。

ポイント
バスは取り外しが簡単なので、裏面に変えてお話を展開させたり、友達と交流をしながら描いたりすると思いが広がります。

「こっちにも、こっちにも うごくんだよ」

88

9月 バスでお出掛け、楽しいな！

子どもたちの作品

スーパーにいったり、あそびにいったりできるバスだよ

ともだちといっしょにこうえんにあそびにいこう！

バスのなかにかいだんもあって、いっぱいのれるんだ

バスにのって、みんなでやまにのぼるんだよ

3歳児 遊びを広げよう

3歳児の活動の場合

バスを作る活動までにしておき、床の上を走らせたり、保育者が用意した道路で遊んだりしてもいいですね。

89

9月 クッキーを作ろう！

スタンピングを楽しみながら！

段ボール板で作ったスタンピング材をクッキーに見立て、スタンピングを楽しみます。クッキーを作ったり、いろいろな味を付けたりする場面を想像しながら描いてみましょう。

活動のねらい

★ スタンピングを楽しむ。
★ 自分なりの思いを込めて絵を描くことを楽しむ。

クッキーのスタンプをきっかけに

普段の描画と異なる技法遊びを取り入れることで、新しい描画方法を楽しめます。楽しい雰囲気でスタンピングができるように心掛けましょう。

活動のポイント

子どもたちとスタンピング材を作ろう

スタンピング材は段ボール板を丸めてセロハンテープで留めるだけなので、子どもたちが作ってもいいでしょう。自分の物だけでなく、友達の物も使えると交流も広がります。

絵を描き始めるときに

描画へとスムーズに展開できない場合は、まずはクッキーに飾りや味付けをすることが表現するきっかけになります。

導入・ことばがけ例

「今日はクッキーを作ろうと思って、こんなものを持って来たよ」
（スタンピング材をいくつか見せる）

「なにそれ？　だんボール？」

「そう。段ボール板をくるくるって丸めたの」
「これを画用紙にぺったんと押すと、段ボールの模様が付いて、クッキーみたいに見えるんだよ」

「クッキーのスタンプだ！」

「どんな形のクッキーになるか、一回やってみるね」
「絵の具はタオルに染み込ませてスタンピング皿においてあるから、作りたいクッキーの色を選んでね」
「ゆっくり付けて…しっかり絵の具が付いたかな？」

（絵の具を付けた面を見せる）

「ちゃんとついてる！」

「それじゃあ、これを画用紙に付けてみるよ」
「ゆっくり、ギュッと押してあげてね」

「わー！　まるいクッキーだ」

「クッキーができたね。この段ボールは同じ色の皿に戻そう」
「少しずつ違う模様のクッキーになるから、押したいなって思う段ボールを選んで押してみてね」
「クッキーがいっぱいできたら、作っている人や作っている所もパスで描いてみよう」

用意するもの

❶ 色画用紙　四ツ切（水・黄・桃）
● パスまたはクレヨン
❷ スタンピング材
※段ボール板を巻いてセロハンテープで留めます。
子どもの人数より少し多めに用意。
❸ スタンピング皿（トレー＋タオル）
❸ 絵の具　（黄・茶・桃など）
※ベージュ系2～3色を濃いめに溶いた物。

絵の具をタオルに染み込ませておきます。

身近な物でスタンピングを楽しもう
スタンピング材は、段ボール板以外にタオルやガーゼを使ったたんぽを使用したり、容器類など身近にある物を活用したりすることができます。プラスチック系の素材を使う場合には、絵の具に台所用中性洗剤を数滴入れて絵の具が付きやすくしましょう。

クッキーのスタンピングをして絵を描こう！

1　クッキーのスタンピングをする

好きな色の絵の具を付けて、ゆっくりしっかりクッキーのスタンピングをします。

ちゃんといろがついたかな？

どんなクッキーになるかなぁ

ポイント
ゆっくり、しっかり押すときれいに模様が出ることや、同じ色のスタンピング皿にスタンピング材を戻すことを伝えます。

いろいろないろでいろいろなかたちのクッキーをつくっているんだ

② クッキーの飾りや周囲の様子を描く

パスやクレヨンでクッキーの上に飾りを付けたり、場面を想像したりして絵を描きます。

> クッキーをひとつずつやくんだよ

> クッキーのまんなかにいろいろなあじをつけるの

> こうじょうでクッキーがながれてくるんだよ

ポイント

スタンプの形や模様によって想像する内容も変わってきます。子どもたちがどんな想像を膨らませるのかを保育者も一緒に楽しみながら関わるようにしましょう。

9月 クッキーを作ろう！

子どもたちの作品

コックさんがやいているの

さいごにやいたクッキーをコックさんがもっているんだ

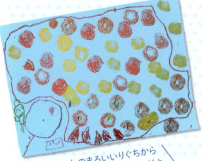
したのまるいいりぐちからクッキーをいれてやくんだよ

いっぱいクッキーをやくから、ひもをいっぱいかいてみたよ

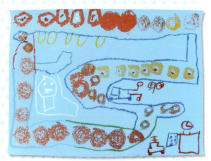
こうじょうでクッキーができたら、トラックではこんでいくよ

いろのついたオーブンでやくと、クッキーにそのあじがつくんだ

クッキーがひとつずつひのついたオーブンにはいっているの

93

9月 おだんごは何の味？

コンテ

コンテを使って描こう

お月見やおだんごの話からイメージを広げて絵を描いてみましょう。今回はコンテを使います。柔らかい色合いを楽しみながら絵を描けるといいですね。

活動のねらい
★ コンテを使って絵を描くことを楽しむ。
★ イメージをしながら描く楽しさを感じる。

活動のポイント

コンテを使うとき
角を立てて、しっかりと線を描いたり塗ったりしましょう。しっかり塗った色は指で塗り広げることもできます。思いのままに絵を描くことができる画材であることを伝えましょう。

コンテの混色
一度塗ったコンテの上に色を重ねることもできます。「その上に別の味(色)を足してみたら？」などと提案してもいいですね。

イメージを形にする楽しさを
おだんごは子どもにとってもイメージを形にしやすく描きやすい題材です。気軽に楽しく描けるようにしましょう。

いろんなあじのおだんごにしよーっと！

導入・ことばがけ例

「みんなお月見って知ってるかな？」

「しってる！ おつきさまをみるんだよ」

「そうだね。丸いお月さまを見るんだよね」
「お月見をするときには、お供え物として、おだんごなどを置くんだよ」

「たべたことあるよ！」

「今日はお月見にお供えするおだんごをコンテで描いてみるよ」

「おだんごを描いて…。線で描いたけだとあまりおいしそうじゃないね」

「いろをぬったほうがおいしそう」

「本当だね。コンテでゆっくりしっかり塗ると、おいしそうなおだんごになるよ」

「あじがあるおだんごもあるー」

「それもおいしそうだね」

「いろいろな色のコンテを用意したから、どんな味のおだんごがいいか考えて、色を選んでみよう」
「中に違う味を入れても、おもしろいね」
「おだんごを描いたら、その周りに何か描いてもいいよ」

「ふわふわしたのをかざっていたよ」

「そう！ ススキを飾ることもあるね」
「ほかにも飾る物を考えて描いてみよう」

94

用意するもの
- **色画用紙** 四ツ切（黒・紺・えんじ・濃橙）
- **コンテ** （薄橙・黄土・茶・薄茶・こげ茶・黒・白）

おだんごを描いてみよう

1 お月見のおだんごを描く

大きいおだんごや小さいおだんご、いろいろな味のおだんごなど、思い思いのイメージで描きます。

「おだんごのなかに あんこが はいっているよ」

「おおきな おだんごに しよう」

「しろくてまるい おだんごを いっぱいかくよ」

ポイント
急いで塗ると隙間だらけのおだんごに。しっかり塗るほうがおいしそうだということを伝えましょう。

② 月やススキなど周囲の様子を描く

お月見しているところを想像しながら好きな物を描きます。

> おつきさまも
> かかなくちゃ

> そらをみているから
> くももかこうっと

> いろいろなあじの
> おだんごをかざって、
> おつきみしているよ

> おだんごを
> ひとつずついれる
> ところがあるんだよ

ポイント
友達が描いている物を見て、それをきっかけにして絵の内容が広がっていくことがあります。友達が描いている表現にも興味が広がるようにしましょう。

9月 おだんごは何の味?

子どもたちの作品

おだんごをかざって、おうちでおつきみしているの

いろいろなあじのおだんごをいっぱいかいたのがたのしかった

おだんごをかざって、みんなでおどっているんだよ

つくったおだんごをもってかえれるようにバッグにいれたの

みんなでなかよくあんこのはいったおだんごをたべるよ

ふわふわのおだんごができたからみんなでたべるんだよ

おおきなおおきなおだんごをおそなえするんだよ

おつきさまのなかに、おだんごをつくっているウサギさんがいるよ

9月 秋の山を シュッシュッ ポッポ

ペン　絵の具

水性マーカーと絵の具でダイナミックに!

秋は遠足やハイキングなどで山や自然に触れる機会も増えますね。秋の山へ電車に乗って出掛ける様子をイメージしながら絵を描いてみましょう。

活動のねらい

★ 水性マーカーを使って思いのままに描くことを楽しむ。

★ イメージした物を絵に表すことを楽しむ。

活動のポイント

初めは使う色を少なく…

初めは使う色を少なくし、イメージを持つことや思いのままを絵にすることに興味を広げます。その後、思いに合わせて色を加えていきましょう。

電車がうまく走れないよ

ほんとだー!

子どもたちの思いに共感しましょう

「こう描いてほしい」などの保育者の気持ちは、子どもの思いを読み取りにくくします。思いを自然に表せるように環境をつくり、共感しましょう。

丁寧に描きたくなることばがけを

山や線路を描いたときであれば「電車がうまく走れないよ」などと、子どもたちの描いているものに合わせて、丁寧に描きたくなるような言葉で伝えてみましょう。

導入・ことばがけ例

「みんなは秋の山に行ったことがあるかな」

「あるー!」
「いったことない」

「行ったことがある人、秋の山や葉っぱの色はどんな色になっていたのか教えてほしいな」

「はっぱがあかいから、あかいやまだよ」
「かれているから、ちゃいろだよ」

「夏までの葉っぱの色と違って、赤い葉っぱや茶色い葉っぱがあるんだね」
「今日は、秋の山に遊びに行くところを描いてみるよ」
「山に行ったらどんなことをするのかな?」

「はっぱをみるんだよ」
「おべんとうたべるよ」
「みんなであそぶ!」

「楽しいことがいっぱいあるね」
「大勢で行くほうが楽しいと思うから、たくさんの人が乗れる電車で行こうと思うんだけど、電車は山で走ることができるのかな」

「やまにいくでんしゃにのったことある」

「せんろをはしってやまのうえまでいくんだよ」

「線路を走って上まで行くんだね」
「大きい山にしようかな? 小さい山にしようかな? たくさん山があってもいいね。山を描いたら、上まで行く電車や線路を考えて描いてみよう」

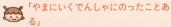「山で遊んでいるところも描いてみてね」

用意するもの
- ❶ 色画用紙　四ツ切(白・薄茶・やまぶき・黄・桃)
- ● 水性マーカー
- ❷ 絵の具
  (茶+黄・茶+橙・茶+赤・茶を薄めに溶いた物)

秋の山を描こう

1 秋の山や電車に乗って出掛ける様子を描く

水性マーカーで山の形や大きさ、どんな電車にするかなど、子どもたちと言葉を交わし、イメージが広がるようにして描きましょう。

※今回は3色(黒・茶・青)の水性マーカーの中から、一つ決めて、色を選ぶことより描くイメージを持てるようにしました。

やまのうえに
やまが
あるんだよ

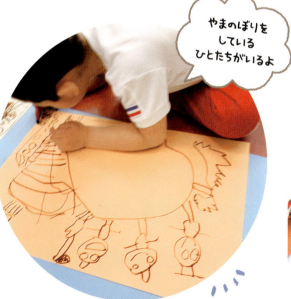

やまのぼりを
している
ひとたちがいるよ

やまで
あそんでいる
ひとたちもかこう

つりかわも
いっぱい
かいちゃおうっと

99

② 秋の山の様子を描いたり、色を塗ったりする

水性マーカーを使って山の様子を描いたら、絵の具で好きな色を塗ります。

ふたつのいろの はっぱにしたよ

やまはちゃいろに ぬってみよう

いろんないろの やまにしてみたよ

いろんないろの えのぐでぬって みたんだ

ポイント

子どもたちにほかの色を使いたい気持ちが出てきたら、描きたい物が十分に描けたかどうかを見ながら、好きな色のマーカーや絵の具で塗ってみるように促しましょう。

9月 秋の山をシュッシュッ ポッポ

子どもたちの作品

やまのたかいところと、ひくいところではいろがちがうの

ぼうしをかぶって、やまのぼりしているんだ

やまには、きのこがいーっぱいあるの

やまよりたかいところにもでんしゃででかけられるよ

やまのうえのおみせにいくせんろはくねくねしているの

やまにくっついているせんろにでんしゃがはしるんだよ

でんしゃだけじゃなくって、くるまでものぼれるよ

101

10月 秋の山って、どんな所？

墨汁　絵の具

墨汁を使って描いてみよう！

葉が色付き、山の色合いも変わると身の回りの自然に興味を持つ機会が増えます。そんな秋の山からイメージや話を広げながら描くことを楽しみましょう。

活動のねらい
★ 思いを絵に表すことを楽しむ。
★ 周囲の環境に興味を持ち、イメージを広げることを楽しむ。

イメージを広げにくい子どもには…
友達の作品を紹介しながら良いところなどを伝え、次の展開へのきっかけづくりに配慮しましょう。

活動のポイント

大・小の筆を使い分けよう
描きたい物の大きさや場所によって大筆・小筆を使い分けましょう。筆の使い方で太さが変わることも伝え、用具の使い方に興味を持てるようにしましょう。

墨汁や絵の具は必要に応じて
絵の具を出しても墨汁で描くことを楽しむ子どもには、継続できるよう言葉を掛けたり、絵の具で塗った後も墨汁で描き足せるようにしたり、必要に応じて使えるようにしましょう。

導入・ことばがけ例

「秋になると山の色が変わってくるの知ってる？」

「うん！　はっぱのいろがちがういろになるんだよ」
「あかいろのはっぱとか、ちゃいろとか…きいろもあるよ」
「ドングリとったよ」

「葉っぱや木の実の色がいろいろ変わるから、山の色も変わって見えるのかな」
「今日は山を描くのに墨の色を二つ用意したよ。濃い色と薄い色があるから、どんな山にどの色の墨を使うか考えてみてね」
「山ができた人は、木や葉っぱ、木の実もどんな物があるのか考えて描いてみてもいいね」

「葉っぱの模様や細かい所を描きたいときは、同じ筆でも少し立てて先のほうだけで描くと細く描くことができるよ」
「山には木とか葉っぱとか木の実だけかな。誰かが住んでいるかな…？」

「ウサギとか？」
「クマも！　あなのなかにいるかも！」

「いろんな動物もいそうだね。どんな秋の山が描けるか楽しみだな。墨でお絵描きができたら、秋の山に似合う色を用意しているから、後で塗ってみようね」

| 用意するもの | ● **色画用紙** 四ツ切
（白・薄桃・黄緑・クリーム・水・橙）
● **筆**（大・小）
① **墨汁** 水で溶いた濃いめ・薄めの物
② **絵の具** 墨汁を少し加えた物
（青・赤・橙・黄土・黄緑・朱）
● **ぬれ雑巾**
※墨汁や絵の具のそばに置き、こぼしたときなどに使いましょう。 |

※事前に色画用紙に塗ってみて、色の映え具合を確かめておきましょう。

秋の山を描こう！

1 墨汁で山を描く

薄い墨汁と濃い墨汁を使い分けて描きます。

おおきな
やまがみっつ
ならんでいるよ

やまのうえにも
いっぱいやまが
あるんだよ

2 イメージを広げて描く

山の中や周り、動物の様子など思い思いにイメージを膨らませて描きます。

ポイント
子どもならではの発想や思いを受け止めるようにしましょう。

やまのうえに
きがはえているよ

あなのなかには
どうぶつがすんで
いるんだよ

103

③ 絵の具で色を塗る

塗りたい所や色を足したい所に絵の具で塗って、さらにイメージを膨らませて塗ります。

やまのいろが
ちょっとずつ
ちがうね

こっちは
みどりのやまで、
こっちはあかいやまに
なってきているの

子どもたちの作品

やまのうえと、やまのしたは
みちでつながっていて
のぼれるようになっているよ

あなのなかにどうぶつがすんでいて、
となりのやまはきれいに
はっぱがならんでいるよ

10月 秋の山って、どんな所？

やまのうえに
おちてきたごはんは、
よごれないように
はっぱでまいてみたよ

きのうえはあかい
はっぱでいっぱい
になっているんだ

すこしずついろいろないろで
やまをぬったよ

やまにはっぱやきのみを
ならべたんだ

いろいろないろのはっぱがおちているよ

10月
葉っぱの色が変わったよ

絵の具を にじませて

紅葉が始まる時季に、秋を感じながら表現するのもいいですね。にじみの技法を使って、色が広がったり変化したりすることを楽しみながら絵を描いてみましょう。

活動のねらい
★ 色が広がったり、変化したりする様子を楽しむ。
★ 季節を感じながら自分なりに表現する。

色が広がる様子を楽しんで
色が広がる様子を楽しませたい題材です。ゆっくりと絵の具を乗せて、色が広がる様子をじっくりと楽しめるようにしましょう。

活動のポイント

絵の具は種類ごとに分かりやすく
今回はいろいろな種類の絵の具を使っているので、種類ごとにカップやカップを入れる台の色を変えるなど、分かりやすいように分けておいてもいいですね。

話を広げる楽しさを
絵の具や秋の紅葉をきっかけに、話を広げられる雰囲気をつくりましょう。また、自分なりに発想しようとする気持ちをくみ取って言葉を掛け、促しましょう。

導入・ことばがけ例

「秋になると木の葉っぱの色が変わってくるよね」

「あかいいろになる!」
「ちゃいろにもなるよ」

「緑色だった葉っぱの色が、秋になると赤くなったり茶色に変わったりするんだね」
「今日は、葉っぱの色が変わっていくところを描いてみるよ」
「まずは木を描いてみよう」
「葉っぱがいっぱいある木って、どんな木かな?」

「たかーいきじゃない?」
「きはよこにものびるよ」

「背が高かったり、枝があるような木もいいね」
「木を描いたら、薄い茶色の絵の具で葉っぱの形を描くよ」
「葉っぱの形の所に、こんな色になってほしいなと思う葉っぱ用の濃い絵の具をそーっと付けてみるね」

「あかいろがおおきくなった!」

「そうだね! 葉っぱの色が広がって変わってきたよね」
「薄い茶色の葉っぱの上に、濃い絵の具を付けてみると、少しの絵の具がいっぱいに広がるね」
「木を何本にしようか、どんな色の葉っぱにしようか、とか考えて描いてみよう」
「いっぱい葉っぱが描けたら、ペンで木や葉っぱの周りにも絵を描いてみよう」

用意するもの

① 色画用紙 （白・薄茶・やまぶき・薄桃）
● 絵の具
② 木の色 （茶・こげ茶）
③ にじませるための色 （薄茶）
※水の代わりに使用します。紅葉の色を置く場所を分かりやすくするための目安ですので、色画用紙の色が透ける程度の濃さにしましょう。
④ 紅葉の色 （赤茶・橙・こげ茶・黄土）

● 筆
● 水性フェルトペン

葉っぱを描いてみよう

うえのほうは くねくねって まがっているの

1 木を描く

いろいろな木の形を考えながら思い思いに描きます。

いろいろな いろのきを かいてみたよ

ポイント
2色準備することで、色を選ぶ楽しさや、いろいろな色を使ってみたいという意欲につながります。

2 葉っぱを描く

にじませるための絵の具（薄茶）で葉の形を描いて、そこに濃い絵の具（紅葉の色）をそっと置くように、色を付けます。

ひとつのはっぱに ふたつのいろを つけたらきれい！

きにはっぱが くっついているよ

おおきい はっぱに してみたよ

ポイント
薄い茶色の絵の具が乾いてしまうと、うまく色が広がりません。1枚葉っぱを描いたら濃い絵の具でにじませ、もう1枚薄い絵の具で描いて…と1枚ずつ葉っぱを描くときれいに広がります。

薄い絵の具で形を描いて…

濃い絵の具をそっと置くと…

だんだんいろが おおきく なってきた！

107

3 周囲の様子を描く

葉っぱを見ている人や、遊んでいる人などを想像して描きます。

> きのうえで
> あそんでいる
> ひとたちがいるの

子どもたちの作品

> ひとつのはっぱに
> いろいろないろを
> つけたんだ

> みーんなできのところに
> あそびにきているんだ

> きのかたちがおもしろいから、
> はっぱもおもしろいかたちだよ

> いろいろないろのはっぱが
> ならんでいるのをみているの

> エスカレーターで
> きのうえに
> のぼれるんだよ

> きのブランコが
> いっぱいあって、
> みんなであそん
> でいるよ

> はっぱがきれいだから
> はっぱをもっているひとがいるよ

> きれいなきに
> ともだちがいっぱい
> いあつまったよ

108

10月 おイモ掘りに行ったよ！

絵の具を混ぜて色を作ろう！

おイモ掘りの経験を描いてみましょう。おイモの色をよく観察してみると、同じ紫でも赤っぽい紫や茶色っぽい紫など、いろいろな色を発見することができます。自分たちで色を作って描いてみましょう。

活動のねらい
- 色への興味、関心を持つ。
- 経験をきっかけに絵を描くことを楽しむ。

低年齢児の場合
年齢が低い場合や、絵を描くことを中心にしたい場合は、イモの絵の具を数色、事前に作っておくといいでしょう。

活動のポイント

絵の具の混色をきっかけに
加える絵の具を何色にするかを考えることが、イモを観察したり、イメージしたり、色について感じたりする機会になります。楽しく導入できるようにしましょう。

もうすこしあおいろのおイモだったかな？

筆の使い方に気付けるように
イモには塗り込みやすい大筆を、人物などには小筆を準備。太・細の違いを意識させ、大筆でも立てて描くことで細い線になることも伝えていきましょう。

導入・ことばがけ例

「この前、みんなでおイモ掘りに行ったよね」
「いっぱいとれた！」
「大きいおイモや小さいおイモ、いっぱい採れたよね。どんな色だったか、覚えているかな」
「むらさき！」
「そうだね。先生はいろいろな紫色があったと思ったんだけど、みんなはどうだったかな？」

「あかっぽいむらさきいろがあった」「ちゃいろっぽいのもあったよ」
「そうそう、そんな紫色があったね」
「今日はおイモを描こうと思って紫の絵の具を持って来たけど、ほかの色も混ぜていろいろな紫色のおイモにするよ」
（ポリ袋に用意した4色の絵の具を見せる）
「甘ーいおイモにしようと思ったら赤、かっこいいおイモにしよう

と思ったら青、葉っぱの色に近かったと思ったら緑、土の色に近かったと思ったら茶色を混ぜてみよう」
「色を選んで紫の絵の具に、混ぜてみよう。一つのカップに1色だけだよ」
（絵の具を絞り出し、ゆっくり混ざるところを見せる）

「色ができたらおイモの絵を描いてみよう」
「葉っぱを描いてもいいね。大きく描きたいときは太い筆、小さく描きたいときは細い筆も使って描いてみよう」

用意するもの

- ● 色画用紙　四ツ切（白・黄・橙・薄茶）
- ● 絵の具　＜イモ用＞
  - 紫 (1)　全てのグループに用意
  - 青
  - 緑　　紫の絵の具に加える
  - 茶
  - 赤

  ※スプーン1杯分をキッチン用ポリ袋（小）に入れて結んでおきます（余分な部分は切る）。ここから子どもが色を選び、先端をハサミで切ってから、紫の絵の具に加えます。

＜イモ以外用＞
- 黄緑＋茶 (2)
- 緑＋紫 (3)
- 茶 (4)
- こげ茶 (5)

1グループに1セットの絵の具を用意。イモの紫は、2色作れるように2カップ用意しました。

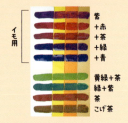

- ● 筆（大・小）

おイモ掘りを描こう！

1　おイモの色を作る

紫の絵の具に、青・緑・茶・赤の絵の具のうち1色を選んで入れ、よくかき混ぜます。

ポイント
今回は5〜6人のグループに1セットの絵の具を用意しました。ポリ袋の絵の具を入れる子、それを混ぜる子、と分担しました。

「あかいえのぐをいれるよ」

「ゆーっくりまぜると…いろがかわってきた！」

2　おイモを描く

自分たちが作った色でおイモを描きます。

「おおきなおイモをかくよ」

「おおきなおイモとちっちゃいおイモでいっぱいになっちゃった」

3　葉や人物などを描く

採ったときの場面を思い浮かべて描きます。

「おイモはつちのなかにかくれているよ」

「おイモをとるひとたちもかこう」

110

10月 おイモ掘りに行ったよ！

子どもたちの作品

> おイモにどろんこが
> いっぱいついていたよ

> みんなでなかよくひっぱっているんだよ

イモの色：紫＋赤／紫＋茶

イモの色：紫＋茶／紫＋緑

> つちのなかでおイモと
> おイモがつながっているよ

イモの色：紫＋赤／紫＋茶

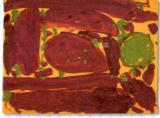

イモの色：紫＋赤

> おイモをいっぱいかいて
> きもちよかった！

> ちいさいおイモは
> みどりのはっぱで
> かこまれているよ

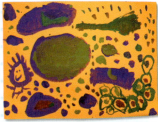

イモの色：紫＋緑／紫＋茶

> おイモをくっつけながらかくのがたのしかったよ

イモの色：紫＋赤／紫＋青

> とったおイモはぜんぶ
> つながっていたんだ

イモの色：紫＋赤

111

10月 回る！おすし屋さん

しかけを使って

回転ずしのお店に食べに行ったことがある子どもたちも多いのではないでしょうか。おいしそうなおすしが回っているところをイメージしながら絵を描いてみましょう。

活動のねらい
- しかけをきっかけにしながら楽しんで絵を描く。
- 経験したことを絵に表すことを楽しむ。

切り込みまで切り落とした場合
回る台の中心まで切らないように伝えます。切り落とした場合は、どこに切り込みを入れたいのかを聞いて、改めて切り込みを入れましょう。

活動のポイント

いろいろな形でOK
回る台は切り落として丸みのある形にすることを伝えます。自分なりに考えた形があれば、いろいろな形に切ってもいいですね。

描きたい物を探そう
「〇〇ちゃんのおすしを食べたい人は誰かな？」など言葉を掛けてみましょう。周りの子どもたちの絵を一緒に見て、描きたい物を探してみてもいいですね。

導入・ことばがけ例

「みんなはおすしが回るお店に行ったことあるかな？」

「あるよ」
「このまえいった！」

「今日はおすしが回るしかけを使ってお絵描きをするよ」
「最初に白い画用紙で回る台を作るよ。四角いままだと回るときに角がお客さんに当たるから、角を切って丸くしてみよう」
「丸くできたら…白い画用紙の真ん中に切り込みがあるよね。そこに割りピンのとがっているほうを入れよう」

「色画用紙にも4つの切り込みがあるから、好きな所に白い画用紙に入れた割りピンを差し込んで、そのままゆっくりと裏返して画板の上に置こうね」
「割りピンのとがった所には背の高いほうと低いほうがあるよ。高いほうを寝かせてから、低いほうも同じように寝かせてみよう」

「色画用紙をもう一度裏返して、白い画用紙が回るかどうかを試してみてね」

「まわったー！」

「みんなはどんなおすしが食べたいかな」

「たまごとかイクラがすき」
「アイスとかもくるよ」

「おすしだけじゃないんだね。回る台に食べたい物を描いたら、食べている人や作っている人、お店の中も描いてみよう。回る台を増やしてみてもいいね」

用意するもの

- ❶ 色画用紙
  - ＜店内用＞四ツ切（黄緑・黄・薄茶・桃）
  - ※それぞれ4か所程度、3mm程度の切り込みを入れます。
- ● 白画用紙
  - ＜回る台用＞四ツ切　❷〜❺の4種類
  - ※中心に3mm程度の切り込みを入れます。
- ● 水性マーカー
- ● 割りピン
- ● ハサミ

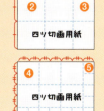

おすし屋さんを描こう

1 白画用紙の角を切って回る台に見立て、色画用紙に付ける

白画用紙の角を切って丸くし、中心の切り込みに割りピンを差し込み、色画用紙の切り込みにも差し込んで、回るしかけを作ります。

「とがっているかどをきってまるくするよ」

切って…

裏返して…

「うらがわにわりピンがでてきたかな？」

差し込んで…

「ここにまわるところをつくろう」

割りピンを寝かせて…

「そーっとわりピンをねかせて…」

ポイント

割りピンを差し込むときは、手順を一つひとつ確認しながら進めるようにしましょう。手間取っている子がいれば手助けをしたり、先にできた子どもたちが手伝えるように言葉を掛けたりしてもいいでしょう。

完成！

「まわるところができた！」

113

② おすしを描いたり、周りの様子を描いたりする

どんなおすしが回っているかを考えて描き、実際に回して楽しみながら周囲の様子などを描きます。

10月 回る！ おすし屋さん

子どもたちの作品

いすにすわっているひとが
おいしそうにたべているんだ

まわるところに、
つくるひとたちもいるんだ

おきゃくさんは
すきなところに
いってたべるんだよ

テーブルで、おすしが
くるのをまっているの

デザートもあって、
もってかえること
もできるよ

ちゅうしゃじょうからかいだんを
のぼっておみせにはいるんだよ

じぶんのすきな
おすしをいっぱい
いかいたの

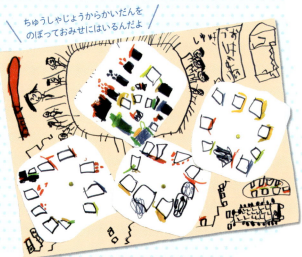

115

11月 色イロ迷路を通って

ローラーで道を描いて

ローラーでくねくねと道を作り、迷路を描いてみましょう。迷路の途中や行く先にはどんな人がいて、どんな物があるのでしょうか。想像したことを絵にして楽しみましょう。

活動のねらい

★ ローラーを使って表現することを楽しむ。

★ 想像したことを絵に表す楽しさを味わう。

ローラーを使うことに偏りすぎないように

ローラーに偏りすぎると絵が描けなくなってしまうため、タイミングを計りながら移行していきましょう。

活動のポイント

ローラーに慣れるために

事前にローラー遊びを取り入れ、絵の具の付け方や、思った通りに描くにはどうするかを感じたり考えたりする機会をつくってもいいですね。

想像を表現

想像できない子どもには、友達の発想や保育者のアイディアを伝えてみましょう。まねることで安心し、自分で発想し始めることもあります。気軽に絵に表現できるよう心掛けましょう。

導入・ことばがけ例

「迷路の道を作ろうと思って"ローラー"を持って来たよ。丸い所がくるくるっと回るんだよ」

「そこにいろをつけてころがしたら、めいろのみちがかける！」

「そうだね！ じゃあ、絵の具を付けてみるよ。ローラーをゆっくり転がして絵の具を付けて…」
（ローラーに絵の具を付けて見せる）

「いろがふたつついてる」

「そうだね。今度は画用紙の上でゆっくりと転がしてみるよ」
「画用紙の端から始めてみよう」
（ゆっくりと曲線を描いて見せる）

「みちみたいになった！」

「二つの色が道みたいにつながったよね。でもローラーを同じ所ばかり転がしていたらどうなるかな？」

「まえにころがしていかないと、みちにならないよ」

「そうだね。この道を迷路みたいにつなげて描いてみるよ」

「わかれみちとかも？」

「それもおもしろいね！ もう一つの色もあるから、違う色の迷路につながってもいいよね」

「迷路が描けたら、迷路の中はどんな所か分かるようにペンで描いてみよう」

用意するもの

- **色画用紙** 四ツ切（水・黄緑・薄紫・薄桃）
- **絵の具** 黄×赤・黄×青

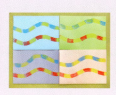

色を楽しみながらゆっくり長く迷路を描いてほしいので、2色の絵の具を交互に置きました。使っているうちに混ざってきますが、混ざり合うことで新しい色になってくるので気にせずそのまま使いましょう。

- **ローラー**
  ※ひとり1本使えるよう準備し、各トレイに分けて置きましょう。
- **トレイとタオル**
  ※絵の具を濃いめに溶いてタオルに染み込ませます。（ローラー用）
- **水性フェルトペン**

迷路を作って、描いてみよう！

1 ローラーで迷路の道を描く

色画用紙の端から描き始めることや、分かれ道を作ると楽しいことなども伝えながら、思い思いの迷路を描きます。

「えのぐちゃんとついたかな？」

「わかれみちにして、むずかしいめいろにしよう」

「ちがういろのめいろもあるとおもしろいよね」

🌱ポイント

ローラーをうまく使えない子どもがいたら、絵の具がきちんと色画用紙に付いているかを確認しつつ、ゆっくり転がすように伝えましょう。

117

② 迷路から想像したことを描く

迷路の形や色などから場面を想像して水性フェルトペンで絵を描きます。

ポイント
迷路の道の上に絵を描くときは、ローラーで描いた絵の具が乾いているかを確認してから水性フェルトペンで描くようにしましょう。

11月 色イロ迷路を通って

子どもたちの作品

> くるくるまわる
> みちをかくのが
> たのしかったよ

> めいろのえきからでんしゃに
> のりかえることができるんだよ

> めいろのかたちをかんがえて、
> おうちもいっぱいかいたよ

> めいろのなかにおはなやさんと
> ハンバーガーやさんがあるよ

> みどりのめいろのうえに
> あかいめいろがあって、そこをとおって
> へやにはいることができるよ

> ドリルのついたくるまが、めいろのまんなかに
> あつまろうとしているところだよ

> エレベーターにのってめいろにはいると、
> ふうせんがいっぱいあって、
> パンやさんもあるんだ

11月 紙版画で写しちゃおう！

紙に写るのが楽しい！

作品展などで色画用紙をたくさん扱う園も多いのではないでしょうか。紙版画で様々な表現方法に興味を持つことで、その展開の仕方を楽しみながら知っていく機会になります。

活動のねらい

★ 写して遊ぶ楽しさを知る。
★ 版画遊びに興味を持ちながら、自分なりの表現を加えて展開することを楽しむ。

環境構成について
版画を刷る場所は1か所にしましょう。ひとりの保育者で配慮できるのは1～2人分です。ひとりの子どもがインクを塗る間に、写し取る子どもを援助しましょう。

活動のポイント

版画作業は保育者も一緒に
子どもだけの版画作業は、インクが全体に付くようにさりげなく援助しましょう。低年齢児は、保育者が一緒に作業をするといいですね。

版の再利用
版も絵を描いた画用紙と一緒に飾ったり、直接水性フェルトペンで描いたり、人物を描いた物を貼ったりするなど、使い方を考えましょう。

導入・ことばがけ例

（版の台紙を見せながら）
「今日はこの白い画用紙を使って乗り物や家を作ってみるよ」

「どうやってつくるの？」

「作りたい物の形になるように切ってみようね」
「ほかにもいろいろな大きさや形の色画用紙があるから、何に使えるか考えてのりで貼ってみてね」

「ドアとかまどにしようかな」

（版ができたら、版画の手順を説明）
「紙版画は紙の凸凹が写るんだよ」
「今日はこれにインクを付けて、ほかの白い画用紙に写してみるよ」
「みんなが作った家や乗り物にローラーでインクを塗ってみるよ」
「全部に色が付くように塗ろうね。最後は先生も手伝うよ」
（インクを塗った版を裏返し、写し取る用の白画用紙のどの位置に置きたいかを子どもに確認して置く）

「裏返した上を優しく、でも強く、端のほうまでこすってあげてね。これも最後は先生が手伝うよ」
（ゆっくりと版をめくり、写し取れたことを楽しめるように）

「写した画用紙にも、いろいろな絵を描いてみよう」

用意するもの

- 色画用紙
  <版の台紙>八ツ切の1/2サイズ（白）
  ❶ 10×10cm程度に切った三角や丸、四角、細長い物（黄緑・桃・黄・水・橙）
  ※版を作るために使用。
- 白画用紙　八ツ切
  ※版を写し取るために使用。
- ❷ インクを入れるための容器　（発泡トレーなど）
- ローラー
- ❸ 版画用インク　（赤・青・緑）
- ❹ 新聞紙
- のり
- 乳酸菌飲料の空き容器
  ※バレンの代わりに使用。
- 水性フェルトペン
- ハサミ

新聞紙は1面分を半分に切り、数枚重ねておきます。汚れたら取り去り、下の新しい新聞紙の上でインクを塗るようにします。

※インクはよく伸ばしておきます。

紙版画をしよう！

1 版を作る

台紙用の白画用紙を切ったり、組み合わせたりした上に、丸や四角の色画用紙をのりで貼ります。

しろいがようしだけで、きしゃをつくったんだ

まどとかドアとかえんとつとか、いっぱいつけたんだよ

2 版にインクを塗って白画用紙に写し取る

ローラーで版全体にインクを塗り、版を裏返して写し取る用の白画用紙に置き、写します。

版全体にインクを塗って、裏返して…

乳酸菌飲料の空き容器の底でこすります。

版をめくると…！

③ 絵を描く

イメージを膨らませながら版画の周りに思ったことを絵に表現して描きます。

せんろをかいて…のっているひとも！

子どもたちの作品

おうちのまわりに、いっぱいチョウチョウとか、かざりをかいたよ

おおきなはなびがみえるおうちだよ

11月 紙版画で写しちゃおう！

ともだちのえとくっつけると、
みちがつながるんだ！
ふねがいろいろなところにいけるよ

みんなでのりものにのって
しゅっぱつだー

こんな姿も見られました

はしごが
つながって
いるよ

こんなにながーく
つながったよ

どこにでも
あそびに
いけちゃうんだ！

11月 トゲトゲいっぱいクリの木

コンテで描こう

秋になると甘くておいしいクリを食べる機会も増えてきますね。とがったイガやその中にあるクリをイメージしながらコンテで描いてみましょう。

活動のねらい
★ 季節を感じたり興味を持って描いたりすることを楽しむ。
★ コンテを使って絵を描いたり塗ったりすることを楽しむ。

しっかり丁寧に
コンテを線描に使用する場合は、しっかり丁寧な線で描くように伝えましょう。使う過程で柔らかい線やぼかす方法などに気付けば、認めていくようにしましょう。

活動のポイント

いろいろな材料の特性を感じる
コンテで楽しみながら描く中で特性も感じていきましょう。材料の特性を感じながら、いろいろな材料を知ることも大切です。

「描く・塗る」大切さ
ぼかす・広げるためにはしっかりとした線を描き、塗ることが大切です。単なる遊びになっている場合は描きたい物を一緒に考えて、描き出せるようにしましょう。

導入・ことばがけ例

「みんなクリを見たことがあるかな」

「ある!」
「たべたこともあるよ」

「クリってどんな形で、どんなふうに木になっているか知ってる?」

「クリのうえはとがってて、したはまるいんだよ」

「トゲトゲしたのもみたことある」
「きにとがったまるいのができて、クリができるよ」

「トゲトゲのイガの中にクリができて、木になっているんだね」

「イガの中はクリが3つ入っている物が多いんだよ」
「クリって1本の木にどれぐらいできると思う?」

「いっぱいできるとおもう」

「じゃあ、いっぱいクリやトゲトゲや木を描いてみよう」
「今日はコンテを使って描いてみるよ」
「クリを描いて…。弱くて細い線のクリと、強くて太い線のクリだったらどちらがおいしそう?」

「ふといほう!」

「クリに色を塗るときも穴があいていたらおいしくならないかもしれないから、しっかり塗ってみよう」

「クリが入っているトゲトゲのイガも、しっかり太く描いたほうがおいしそうなクリが入っているように見えると思うよ」
「クリがなっている木や、採っている人も描いてみよう」

| 用意するもの | ● 色画用紙　四ツ切
（白・薄橙・薄茶・クリーム）
● コンテ
（茶・こげ茶・黄土・薄茶・赤茶） |

クリを描こう

1 クリやイガを描く

コンテでクリやイガを描きます。

ひとつのイガに
ひとつクリが
はいっているよ

こっちのイガには
クリがはいって
いるんだよ

ながーいトゲの
おおきな
クリなんだ

あいている
ところにも
クリをかこうっと

さきにトゲを
かいてから
クリをいれよう

ポイント

今回は茶とこげ茶を先に使い、まずは描きたい物をしっかり描けるようにしました。子どもたちが色を足したいと思っているときなど、子どもの描きたい物に合わせてほかの色を出してみるといいでしょう。

125

11月 トゲトゲいっぱいクリの木

子どもたちの作品

＼ クリのきのエレベーターに のってうえまで とりにいくんだ ／

＼ トゲトゲのおおきなクリが いっぱいかけた ／

＼ おおきなトゲをひっぱって クリをとっているよ ／

＼ きのしたにはおおきな クリのイガがあるの ／

＼ いっぱいクリをとって、 みんなよろこんでいるよ ／

＼ だんだんとうえま でのぼって、とり にいっているよ ／

＼ いっぱいクリがなっているから とりにきたんだよ ／

＼ ちっちゃいクリを いっぱいかくのも たのしかったよ ／

127

11月 動物たちの冬ごもり

絵の具とパスを使って

だんだんと寒くなり冬が近づいてくると、山の動物たちはどう過ごしているのでしょうか。山の穴の中で冬ごもりをしている動物たちを想像しながら絵を描いてみましょう。

活動のねらい
★ 想像したことを絵に描いて楽しむ。
★ 自分なりに話を展開しながら描くことを楽しむ。

絵の具や筆は...
パスで描く子が増えれば絵の具の容器や筆を減らしましょう。後から絵の具で雪を描く子どももいるので、少し残しておきましょう。

活動のポイント

想像しながら描くことを楽しんで
どんな山、動物、穴なんだろうとほかの友達と話しながら、それぞれの思いを表現する楽しさを感じられるようにしましょう。

絵の中の話を楽しむ
自分なりに絵の中の話を展開して描くことも増えます。話に共感し、共に楽しむことで表現する自信をつけていきます。思いに寄り添いながら進めましょう。

導入・ことばがけ例

「今日も寒いね。でも山はもっともっと寒くなって、雪が降ってくるんだよ」
「寒い雪の山にはどんな動物がいるんだろう」
「ウサギとか？」
「クマもいるかも」
「そうだね。ほかにもいろいろな動物たちが住んでいると思うけど、どうやって寒い山で過ごしているのかな？」
「あなをほってすんでいるんじゃない？」
「穴の中に住んでいたら寒くても大丈夫そうだね」
「穴の中はどんなふうになっているんだろう？」
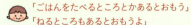「ごはんをたべるところとかあるとおもう」
「ねるところもあるとおもうよ」

「ご飯を食べる所とか寝る所もあると穴の中に住んでいても楽しそうだね」
「あそぶところもあるんじゃない？」
「外に出なくても穴の中でいっぱい遊べるといいよね」
「今日は寒い雪の山を描こうと思って白い絵の具を持って来たよ」
「どんな山にしようかなとか、穴はどんな形かなって考えて描いてみよう」
「山を描いたら、そこに住んでいる動物や、山には何があるのかを考えてパスで描いてみよう」

用意するもの

❶ 色画用紙
　四ツ切（水・濃橙・茶・桃）
❷ 絵の具 （白）
● 筆
● パス

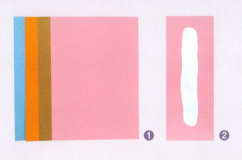

冬の山を描こう

1 山を描く

山の大きさや形、数、穴の形を考えながら、白の絵の具で思い思いに描きます。

えのぐで
にかいかいたら、
ゆきがいっぱい
つもったやまになった！

やまにゆきが
ふってきたよ

はしごで
うえにのぼって
いけるよ

やまをいっぱい
かこうっと

129

② 冬ごもりをしている動物や周りの様子を描く

どんな動物が住んでいて、どんな過ごし方をしているかを考えて、パスで描きます。

せまいところにも
かいてみよう

いろんな
どうぶつが
すんでいるよ

まんなかのやまには
ネズミさんが
いるんだよ

ポイント

絵の具の近くや上からパスで描くときは、絵の具が乾いているかどうかを確認しながら描くようにします。導入や描いているときにも伝えながら、できるだけ子どもが自分で気付けるようにしましょう。

11月 動物たちの冬ごもり

子どもたちの作品

> あなのなかが
> たのしくて
> カエルたちが
> よろこんでいるよ

> あなのそとに
> でて、ゆきを
> みているよ

> あなにいろがついているから、
> じぶんのへやがわかるんだよ

> ゆきだるまのところが
> いりぐちになっているの

> やまにすんでいるどうぶつが
> ゆきだるまをつくったよ

> どうぶつがいっぱいいるやまに
> ゆきがふってきた

> ケーキもあって、みんなで
> パーティーをしているの

131

12月 プレゼントはなぁに?

はじき絵の技法を使って

活動のねらい
★ 技法を生かして絵を描く。
★ きっかけから場面を想像して描くことを楽しむ。

箱に見立てた白画用紙に白いパスでプレゼントを描きます。そのままでは見えにくいですが、上から絵の具を塗ると…、中身が出てきた!! 絵の具を塗ることをプレゼントを開けるのに見立てて、描くことを楽しみましょう。

描く物が思い付かない…
「これぐらいなら描けるかも」と思える物を提示してみましょう。繰り返し描いて、発想が広がればそれを認めるなど、絵を描くことを楽しめるようにしましょう。

活動のポイント

ことばがけは小さい声で雰囲気を
プレゼント箱の中身を描くときのことばがけは小さい声でしてみましょう。内緒の雰囲気が出て、気持ちが入り込みやすくなります。

先にプレゼントを開けてもOK
プレゼント箱に絵の具を塗って、開ける遊びをしてから、四ツ切の色画用紙に貼って絵を描くことを楽しんでもいいでしょう。手順を変えてもいいですね。

導入・ことばがけ例

「クリスマスが近いから、今日はみんなにプレゼントの箱を持って来たよ」
（プレゼント箱用の白画用紙を見せる）

「まっしろだよ」

「そう、まだ何も入っていないよ。この白い箱に、みんながもらいたいと思う物を、白いパスで描いてみるよ」

「しろとしろはみえないよ」

「プレゼントはサンタさんが内緒で持って来るから、見えないように白で描くんだよ。でも、描いている人にはちょっとだけ見えるの。『見えた』と思っても、内緒のプレゼントだから、黙っておいてね。じゃあ、描いてみるよ」

（プレゼント箱に絵を描いて見せる）
「プレゼントが描けたら、大きな画用紙の好きな所に（両面テープで）貼ろうね」
「プレゼントをくれる人とか、プレゼントをもらう日のおうちはどんな感じかな、など考えながら、周りに絵を描いてみよう」
「絵を描いたら、プレゼント箱に絵の具を塗って、箱を開けてみるよ」

（プレゼント箱を絵の具で塗る）
「わー! プレゼントがみえた!」

「見えたね! みんなも好きな色の絵の具で塗って、箱を開けてみよう」

用意するもの

❶ **色画用紙** 四ツ切(水・橙・薄桃)
❷ **プレゼント箱用白画用紙** 八ツ切の1/2サイズ
　※裏に両面テープを貼っておきます。
❸ **スズランテープ** 約20cm(青・黄・赤)
● **パスまたはクレヨン**
● **絵の具** (赤・青・緑を薄めに溶いた物)
● **筆**

パス(またはクレヨン)と色画用紙の色について
黄色のパスに黄色の色画用紙…のようにほかの色を使用することもできます。事前にパスで描いてみて、パスの線が少し見える程度の色の組み合わせを準備しましょう。

白画用紙にスズランテープをV字にしてホッチキスで留め、裏面の上下に2本、両面テープを貼っておきます。

プレゼントからお話を広げよう！

1　プレゼント箱に中身を描く

プレゼント箱に見立てた白画用紙に、白いパスで入れたい物を描きます。

ポイント
描いた線は、うっすらと見える程度ですが、後ではじかせることを踏まえて、力強く描くように伝えましょう。

> おはなとか、おうちとか、ヨットとか、いっぱいはいっているよ

2　❶を色画用紙に貼り、周囲に絵を描く

プレゼント箱の裏の両面テープをはがし、四ツ切の色画用紙の好きな所に貼ります。

ポイント
クリスマスの様子を子どもたちと話しながら、楽しく描けるようにしましょう。

> みんなにみつからないように、はしにはっちゃおう

> クリスマスだからツリーもかかないといけないよ

133

③ 絵の具を塗り、箱を開けることに見立てる

プレゼント箱に絵の具を塗ると、パスの線をはじき、中身が見えてきます。これを箱を開けることに見立てます。

「ここにも、ここにもプレゼントがはいっているよ」

「ぜんぶ ぬったほうが きれい」

「ちがういろでも あけてみようっと」

 ポイント
プレゼント箱から絵の具をはみ出して塗っても大丈夫ですが、丁寧に塗ることを伝えるようにしましょう。

12月 プレゼントはなぁに？

子どもたちの作品

プレゼントをもらって、パーティーをしているの

くるまとかゲームとか、すきなものばかりはいっているプレゼントだよ

プレゼントはよるにもってきているから、みんなねているんだ

みんなにひとつずつプレゼントをかいたよ

サンタさんがプレゼントをくばっているんだ

ねているぼくのところにいっぱいプレゼントがきたよ

プレゼントをみんなであけているところだよ

135

12月 ケーキバイキング

絵の具とパスで描こう！

クリスマスの時季に、ケーキという子どもたちが大好きで身近な題材を使って絵を描いてみましょう。いろいろな描画材料を自分なりに使いこなす経験にもつながります。

活動のねらい

★ イメージを自分なりに広げ、それを表現することを楽しむ。

★ 材料や素材を変えたり組み合わせたりすることを楽しむ。

活動のポイント

パスと絵の具を併用するときは

絵の具が乾かないうちにパスを重ねて使うと、うまく描けないことも伝えましょう。材料の使い方を新しく知る経験に！

使い方を子ども同士教え合えるように

材料や用具の使い方は、うまく使いこなせている子どもの姿を、ほかの子どもに伝えて意識できるようにしましょう。教え合う姿が出るような指導も大切です。

環境構成について

絵の具をスポンジ用とデコレーション用で机に分けて置いて、机を回りながら好きな色の絵の具を選んでケーキを描いていくことをケーキバイキングになぞらえます。

導入・ことばがけ例

「ケーキバイキングって知ってる？」

「ケーキがいっぱいのところ？」

「うん、もうすぐクリスマスだし、自分の好きなケーキをいっぱい並べて遊んでみよう」
「いろいろな大きさや色のお皿があってケーキを乗せたいんだけど…」

「ケーキは？」

「絵の具で描くよ。どんな形にしようかな？」
「まるとかさんかくとか！」
「しかくいのもあるよ」
「いろいろな形があるよね。じゃあ先生は丸い大きなケーキにしようかな。まずは中央の机に置いている絵の具でスポンジを描いて…」
「上からいろいろな色を塗ろうかな」
「チョコレートみたい！」
「本当だね。両側の机に置いている絵の具はケーキの上に乗せるために

持って来たよ。ケーキのスポンジを作ったらデコレーションをしてみよう」
（ケーキ作りを楽しむ）
「おいしそうなケーキができたから、今度はみんなで一緒に食べたいな」
「画用紙のどこにケーキを置くか決めて、接着剤で貼ってみよう。ケーキを食べている人などを描いてもいいね」

用意するもの

① **色画用紙** 四ツ切（水・桃・黄・黄緑）
〈丸型ケーキ皿用〉
（水・薄桃・クリーム・白…直径20cm、14cm、8cmの物を用意）

※四ツ切画用紙から3種類の大きさを切り取ることができます。

① **絵の具**
〈ケーキの土台（スポンジ）〉白・白＋黄・白＋茶
〈デコレーション用〉赤・ばら・橙・黄・緑・紫
● **筆** 〈絵の具用・接着剤用〉毛先が硬めの物
② **木工用接着剤**
少量の水で薄めた物
② **牛乳パック**
● **パスまたはクレヨン**
● **ぬれ雑巾**

ケーキを描こう！

1 皿用の色画用紙に、絵の具でケーキを描く

中央の机に置かれた絵の具でケーキの土台（スポンジ）を描き、両側の机に置かれた絵の具でデコレーションします。

おはなの
かたちのケーキが
できたよ

イチゴあじ、
おわったら
かしてね

ケーキが
とおりますよー。
おっとっと、こぼれない
ように…っと

ポイント
移動するときには色画用紙を水平に持ち、絵の具がこぼれないように伝えましょう。

137

2 皿に乗ったケーキを四ツ切の色画用紙に貼る

貼りたい所に木工用接着剤を塗り、その上にケーキを置いて貼ります。

3 話を展開させながらパスで続きを描く

友達に話をしたり聞いたりして、話を展開させながらパスで続きを描きます。

12月 ケーキバイキング

子どもたちの作品

おうちにはいりきれない
おおきいケーキが
あるんだよ

コックさんが
おいしいケーキを
つくってくれたの

ケーキをつくったら、
みんながきて、いろいろな
ごちそうもつくったよ

おうちでみんなと
ケーキをたべるんだよ

どのケーキをたべようか
かんがえているの

12月 大きな大きなクリスマスケーキ

ローラーを使って

クリスマスに大きなケーキをみんなで食べてみてはどうでしょうか。ローラーを使ってケーキ作りを楽しみながら絵を描いてみましょう。

活動のねらい
- ローラーを使って楽しむ。
- 思いに合わせて表現することを楽しむ。

活動のポイント

人数以上のローラーを準備
子どもの人数以上のローラーを準備しましょう。使いたい色のローラーが足りなければ、順番に使うように伝えていきましょう。

発想を認める
ケーキだけでなく、ローラーでロウソクを描くなど子どもの発想が広がれば認めるようにしましょう。

乾いてから描くことを伝える
絵の具が乾けば、上から描くことも可能です。ペンの先に絵の具が付くとペンが使えなくなることもあるので、乾いたことを確認し、強くこすらないように伝えましょう。

あ、ロウソクみたい！

導入・ことばがけ例

「今日はローラーという道具を持って来たよ」
「クリスマスも近いから、今日はこのローラーで、一緒に大きなクリスマスケーキを作ってみよう」

「えー！ どうやってケーキになるの？」

「ケーキの元になる絵の具を付けてみるよ」
「コロコロ回る所全部に絵の具が付くように転がしてみよう」

「ローラー全部に絵の具が付いたら、画用紙の上にケーキを作るよ」
「まずは1段目…急いで転がすと隙間ができて穴あきのケーキになるから、ゆっくり転がしてね」

「ケーキができた！」

「できたね！ 2段、3段のケーキを作ってもいいね」
「今日は3つの味を準備しているけど、違う味にしたかったらどうする？」

「つかったローラーをもとにもどして、ちがうあじのローラーをつかう！」

「そうだね。使った色と同じ色のトレイにローラーを返して、違う色のローラーを使って、味の違うケーキを作ってみてもいいね」
「ケーキができたら、絵の具で果物や飾りを描いてみてもいいね」
「その後に、クリスマスの様子も描いてみよう」

用意するもの

- ❶ 色画用紙
  - 四ツ切（薄桃・黄・黄緑）
- 絵の具
  - <❷ ローラー用> 茶・桃・白
  - <❸ トッピング用> 紫・橙・赤・白
- ローラー
- 筆
- トレイとタオル
  - ※トレイにタオルを乗せ、絵の具を染み込ませておきます（ローラー用）。
- 水性フェルトペン

ケーキを描こう！

1 ローラーを使ってケーキを描き、飾りを付ける

ローラーを使って好きな色のケーキの層を描き、絵の具でトッピング用のフルーツや飾りを描きます。

「ちょっとずついろんなあじがするケーキだよ」

「あいだにクリームをいれてみよう」

ローラーでケーキを描いて…

「フルーツをいっぱいのせよう」

絵の具で飾りを付けます。

「なんかロウソクみたいになった！」

ポイント
ローラーはゆっくり転がして、色画用紙に絵の具がきちんと付いているかどうかを意識できるようにしましょう。

141

2 食べている人や周囲の様子を描く

水性フェルトペンで思い思いに描きます。

トナカイとサンタさんもきた！

みんなでケーキをおなかいっぱいたべるんだ

うえまでいってロウソクをけすことができるの

クリスマスパーティーのじゅんびだよ

12月 大きな大きなクリスマスケーキ

子どもたちの作品

いっぱいケーキが
くっついたおおきな
ケーキができた

ケーキのすきなところに
のぼってたべるの

みんなでジュースと
ケーキをたべるよ

ケーキのそとがわにも
ケーキをつくったよ

くだものがいっぱいのった
ケーキができた

みんなでフォークをもって
いただきます！

ケーキだけじゃなくて
クリスマスツリーもかざったよ

ケーキのうえにのって
すきなところからたべているよ

143

12月
キラキラ☆ツリーを飾ろう!

アルミホイルに色を塗って

クリスマスツリーの飾り付けはワクワクしますね。ツリーにキラキラした飾りを付けることを楽しみながら、それをきっかけにして絵を描くことも楽しんでみましょう。

活動のねらい
★ いろいろな素材を使いながら表現することを楽しむ。
★ 自分なりの思いを絵に表現して楽しむ。

飾りを貼ったり描いたり
今回はアルミホイルが中心ですが、直接色画用紙に絵を描いても構いません。思いに合わせて柔軟に使えるよう心掛けましょう。

活動のポイント

飾りの色付けに偏りすぎないように
アルミホイルに色を塗る作業は、絵を描くきっかけになります。色付けが終わった子どもには「ツリーを描いてみよう」と言葉を掛け、移行しましょう。

思いを表現しながら丁寧に
自分なりの思いを広げて絵を描く楽しさと同時に、丁寧に描くことや、素材や画材を丁寧に扱うことなども感じてほしい題材です。

導入・ことばがけ例

「もうすぐクリスマスだね。みんなはクリスマスツリーって知っているかな?」
「しってる! うちにあるよ」
「おおきなツリーをみたことある」
「大きいツリーや小さいツリー、いろいろあるよね」
「今日は好きな大きさのツリーを描いて、そこに自分だけの飾り付けをするよ! クリスマスの飾りってどんな物があるかな?」
「ひかっているのもあるよ」
「そうだね。キラキラと光らせたいな、と思ったから、今日はアルミホイルを持って来たよ」
「でも色が付いていないから、こんな色の飾りがほしいなと思う色をペンで塗ってね」

「いろんないろのかざりにしたい」
「一つの色で全部塗ってもいいし、いろいろな色を少しずつ塗ってもいいね」
「色を塗ったら、画用紙にツリーを描いて、アルミホイルを好きな大きさにちぎって、のりで貼って飾ってみよう」
「どんなツリーにしようかな?」
「おおきいの!」
「大きいツリーにいっぱい飾り付けするのも楽しそうだし、小さいツリーがいっぱいあってもおもしろそうだね」
「飾っている人や周りの様子を考えて描いてみよう」

| 用意するもの | ❶ 色画用紙　四ツ切（水・黄緑・黄・桃）
❷ アルミホイル
● 油性ペン
● のり
● 水性フェルトペン |

クリスマスツリーを描いてみよう

1 ツリーに付ける飾りの色を塗る

アルミホイルに油性ペンで好きな色を塗ります。

「キラキラした かざりが できたよ！」

「いろんないろを ちょっとずつ ぬるんだよ」

「あおいろだけでも きれいだよ」

ポイント
アルミホイルは、大きすぎると塗るのが大変です。楽しく塗ったり描いたりできるよう、子どもたちの手のひらサイズにしましょう。

2 ツリーを描いて、飾りを貼る

色画用紙にクリスマスツリーを描いて、アルミホイルの飾りを貼ります。

ツリーを描いて…

「ぼくはおなじいろのところだけちぎるよ」

「たかーいツリーにするよ」

アルミホイルをちぎって…

ツリーに貼ろう！

「かざりでいっぱいにしようっと」

3 周りの様子を描く

ツリーをきっかけにして話を広げながら、周りの様子を水性フェルトペンで描きます。

「みんながねているところにトナカイがプレゼントをもってきたんだ」

「とおいツリーのところまでいけるはしごをかこう！」

12月 キラキラ☆ツリーを飾ろう！

子どもたちの作品

キラキラのかざりを
たくさんつけて
サンタさんを
まっているの

おおきなツリーに
いっぱいゆきが
ふってきたの

クリスマスのじゅんびをしていたら
ゆきがふってきたよ

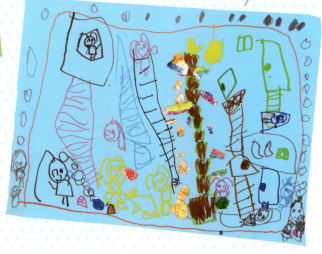

イヌもプレゼントをもらって
よろこんでいるよ

ツリーにかざりを
つけているひとがいるんだよ

サンタさんがそーっと
プレゼントを
おいているよ

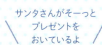

ツリーにひとつずつ
かざりをつけていくのが
たのしかった

147

1月

おせちで おなかい〜っぱい

パスで描こう

お正月の食べ物といえばおせちですね。おせちにはどんな料理があるのか、どんな料理を入れると自分の好きなおせちになるかなどを考えながら絵を描いてみましょう。

活動のねらい
★ 自分なりの思いを絵に描いて表すことを楽しむ。
★ イメージを広げながら描くことを楽しむ。

いろいろなやり方でOK！
仕切りを描いても構いません。「ここにはなにをいれよう？」とイメージできるようにしましょう。テープやシールなどを使って、いろいろなやり方を考えてみましょう。

活動のポイント

具体的に見せる
写真や資料を使って具体的な料理を見せることで、見たことや食べたことがなくても関心を持てます。描くことで、さらに興味を持てるようにしたいですね。

描きたい思いを大切に
繰り返し描くことを楽しむ子どももいます。描きたいという思いがあれば繰り返しを十分に楽しめるようにし、子どもとのやり取りから次に描きたい物を話題として取り上げて提案していってもいいでしょう。

導入・ことばがけ例

- 「お正月は1年の始まり。お正月にはみんながそろって、『あけましておめでとうございます』って挨拶するよね」
  「挨拶もいつもと違うけど、食べ物もいつもと違うんだよ」
- 「ごちそうをたべるの？」
- 「ごちそうなんだけど、いつもの食事と違って、お重という四角い箱の中にごちそうをいっぱい入れてみんなで食べるんだよ」
- 「えびとかがはいってる？」
  「かまぼことか！」
- 「そうそう、えびやかまぼこも入っているよね。そのほかにも黒い豆や小さい魚が入っていて、みんなにとってよいことがありますようにっていう気持ちを込めた料理をお重に入れた物を『おせち』って言うんだよ」
  「今日はみんなで、そのおせちを描いて、おいしく食べているところも描いてみよう」
  「料理を入れるお重は、黒い画用紙を使うよ。いろいろな料理を入れたいから、金と銀の紙を貼って入れる所を分けてみよう。入れる所ができたら、お重の中に料理を描いてみるよ」
  「おせちを描いたら、みんなで食べているところも描いてみよう」

用意するもの

- ❶ **色画用紙** 四ツ切（濃橙・黄・薄紫）
- ❷ **色画用紙** 四ツ切の1/6サイズと八ツ切の1/6サイズ（黒）
- **色紙** 1cm幅に切った物（金・銀）
- **パス**
- **ハサミ**
- **のり**

黒の八ツ切色画用紙　　黒の四ツ切色画用紙

おせちを描こう！

1 お重に仕切りを貼り、好きな料理を描く

黒い色画用紙に、金と銀の色紙を仕切りに見立てて貼り、その中におせちで食べたい料理を描きます。色紙を好きな長さに切って貼ってもいいですね。

❤ポイント

おせちらしくない食べ物であっても、お正月に食べたいごちそうとして描きたい物を描いてもいいですね。

149

② おせちを食べている人など、周りの様子を描く

おせちからイメージを広げ、お正月の様子などを描きます。

ともだちと
いっしょにたべる
おせちなの

いっぱいのひとが
たべにくる
おせちだよ

つぎはなにを
いれようかな？

おかあさん、
おとうさんといっしょに、
いただきますを
しているよ

1月 おせちでおなかい〜っぱい

子どもたちの作品

いろんなあじのかまぼこがはいっているおせちができた

おせちのよこにおさらをいっぱいおいたから、みんなでたべられるよ

たまごやきにまめにかまぼこ…いろんなものをいれたよ

テーブルのうえにおせちをおいて、いすにすわってたべるんだよ

おせちといっしょにのめるようにジュースもかいたよ

ぼくのおせちはデザートのくだものもはいっているんだ

みんなでいすにすわって、おせちをたべるところなの

151

1月

お鍋を囲んでいただきます

いろいろな素材を使って描こう

活動のねらい
★ 経験を生かして表現することを楽しむ。
★ いろいろな材料を使って描くことを楽しむ。

大きなお鍋を囲んで、みんなで食べているところを想像しながら絵を描きます。描く・切る・貼る…といろいろな活動を経験しながら描くことを楽しみましょう。

活動のポイント

お鍋が小さくなった場合
複数のお鍋に分かれても構いません。それぞれの描き方に合った言葉を掛けるようにしましょう。また、スープは3種類あるので、好きな味を選ぶように声を掛けてみましょう。

具材が思い付かない場合は
具材が1〜2個程度しか思い付かない子どももいます。子どもたちの発想を伝え合ってもいいですし、同じ具材をいくつも描いたり、大きさを変えて描いたりするなどの提案をしてみてもいいでしょう。

料理をしているつもりで
鍋にスープを注いで、具材を入れる…という料理ごっこをして遊ぶような気分で楽しみましょう。

導入・ことばがけ例

「お鍋って食べたことある？ 大きなお鍋の中に、スープが入っていて、お肉や野菜などを入れて食べる物だよ」

「しってる！ はくさいとかしいたけがはいっているよね」

「そうだね。寒いときに食べるとおいしいね」
「今日はお鍋を描いて、一緒に作ってみるよ」
「まずはお鍋を描くよ。どれくらいの大きさのお鍋を描いたら、中にいろいろな具が入るか考えて描いてみよう」
「絵の具はこっちのカップに入っている濃い色を使ってね」

「お鍋を描いたら、次はおいしくなるようにスープをいっぱい入れてね。スープはもう一つのカップに入っている薄い絵の具から選ぶよ。3色あるから好きな味の色を選んでね」
「次は、野菜などの具を入れてみよう。白い画用紙に入れたい物をパスで描いたら、周りを切って、スープの上にのりで貼ってね」
「大きいお鍋だからみんなで食べたいね。お鍋がおいしそうにできたら、みんなで食べているところも描いてみよう」

152

用意するもの

- ❶ 色画用紙　四ツ切（クリーム・薄桃・水）
- ● 白画用紙　八ツ切の1/4サイズ
  ※具材を描くのに使用。
- ❶ 絵の具
  - ＜鍋用＞茶・えんじ・紺を濃いめに溶いた物
  - ＜スープ用＞薄茶・赤・白を薄めに溶いた物
- ● 筆
- ● パスまたはクレヨン
- ● ハサミ
- ● のり

鍋用、スープ用の絵の具は子どもに分かりやすいように異なるカップに入れます。

お鍋を作ろう

1 絵の具でお鍋とスープを描く

濃い絵の具で鍋を描き、薄い絵の具でスープを塗ります。

> おおきいおなべにしたから、スープもいっぱいいれなくちゃ

2 具材を描いて切って貼る

白画用紙にパスで具材を描き、周りをハサミで切ります。のりを付けて、スープの上に貼ります。

> キノコをいれてみようっと

描いて…

切って…

> やさいをかいたよ

> まだまだおなべにいれるよ

貼りましょう。

🍓ポイント
具材の周囲を切るときは、細かく切ることが目的ではないので、絵がしっかり見えるように余白を持たせて切るように伝えましょう。

② パスでお鍋の周囲に絵を描く

食べている人など、思い思いに絵を描きます。

> わたしはあおいなべ、ともだちはあかいなべ…みんなにひとつずつあるよ

> おなべをひにかけてみんなでたべられるようにするんだよ

子どもたちの作品

> みんなのすきなものがはいっているの

> いろいろないろでおおきなおなべをかいたよ

1月 お鍋を囲んでいただきます

はやくできないかなーって、
おさらをもってまっているんだ

おおきなおにくが
いっぱいはいっているよ

トマトもにんじんも、
くだものも
はいっている
おいしいおなべなの

3歳児 遊びを広げよう

お鍋を事前に用意しましょう

3歳児で活動する場合は、事前に鍋の形に切った白画用紙に、入れたい食べ物を描きましょう。四ツ切の色画用紙に貼り、周囲に絵を描いてもいいでしょう。

スープもいっぱい、やさいやにくもいっぱいの、
おおきいおなべができたよ

1月 雪の結晶キラキラ

絵の具で描いて

空から降ってくる雪は、手に乗せるとすぐに溶けてしまいますが、溶ける前はどんな形をしているのでしょうか…？雪の結晶をイメージしながら絵を描いてみましょう。

活動のねらい

★ イメージを膨らませながら描くことを楽しむ。

★ 自分なりに考えたことを絵に表して楽しむ。

活動のポイント

イメージを広げる楽しさを

雪の結晶の形は様々であることを子どもたちに伝えます。自分なりにイメージを膨らませて考えた形を、安心して楽しく描けるような言葉を掛けましょう。

描きたい思いに合わせて

子どもによって描きたい線は様々です。太い線を描きたいときは筆を寝かせる、細い線のときには筆を立てて先端を使うなど、筆の扱い方を使い分けるように伝えましょう。

自分なりに考えて絵にする

考えたことを絵に表せる楽しい活動になるように、共感したり、認めたりする言葉を掛けましょう。子どもたちが互いに認め合う姿があれば見守るなど、思いに合わせて援助しましょう。

導入・ことばがけ例

- 「みんなは空から降ってくる雪を見たことがあるかな？」
- 「ある！」
- 「雪ってどんな形か知ってる？」
- 「手に乗せてみたことあるかな？」
- 「ちいさいまるいかたち」
- 「ある！ すぐにとけたよ」
- 「手に乗せると溶けてしまうんだね」
- 「溶ける前の雪はどんな形をしているのか、先生も知りたかったから、こんな本を持って来たよ」

- 「雪ってこんな形の結晶がくっ付いて降るんだって」
- 「いろんなかたちできれい！」
- 「トゲトゲしたのがついてるね」
- 「いろいろな形があるんだね。今日はこの結晶を描いてみるよ」
- 「どう描こうかな…」
- 「×みたいなかたちだったよ」
- 「そこにもうひとつせんをいれたら？」

- 「×を描いて横に線を入れてみてもいいね」
- 「トゲトゲのところも描いてみたいけど、筆だと太くなって難しいかな…？」
- 「さきのほうでかいたらいいとおもう」
- 「筆の先で描いたら細かい所も描くことができるね。じゃあ、自分で考えた雪の結晶を描いてみよう」
- 「雪が降ってきたら、どんなことをして遊んでいるかも考えて描いてみよう」

用意するもの

① 色画用紙　四ツ切（黒・紺・青・えんじ）
② 絵の具
　（白・黄＋白・茶＋白・赤＋白・青＋白・緑＋白）
● 筆
● 雪の結晶の本や写真などの資料
　※導入に使用。

雪の結晶を描こう

1 雪の結晶を描く

どんな結晶にするかを考えながら描きます。

ぼくのけっしょうは、まるいかたちがついているんだよ

ちいさいところはほそくかきたいから、そーっとかくよ

いちばんうえがゆきでいっぱいになったから、つぎはしたにかこう

ポイント
見えやすいように、最初は白の絵の具のみを使い、その後、黄色の絵の具を出します。必要になればほかの色も出すなど、タイミングを考えてみましょう。

2 周囲の様子を描く

雪が降っている場面を想像して描きます。

ゆきがふるとさむいからおうちもかいておこう

ちいさいゆきもいっぱいふってきたよ

ゆきのけっしょうでゆきだるまをつくっているの

ゆきだるまのへやをつくろうっと

157

子どもたちの作品

はなのようなゆきのけっしょうも かんがえたの

ゆきがいっぱいで、ゆきだるまもよろこんでいるよ

けっしょうのかたちを いろいろかんがえたよ

ゆきのけっしょうを てにのせている ところなの

いろつきの ゆきのなかにも、 しろいけっしょうが あるの

つくった ゆきだるまと あそんでいるの

ゆきのけっしょうを みんなで みているよ

ほそーいトゲトゲの けっしょうがかけた！

1月 雪山で遊ぼう！

ペン　絵の具

ペンと絵の具でお絵描きしよう！

雪が降ったり積もったりすると、子どもたちの気持ちも高まります。雪遊びをしたことのある子どもはその活動を表現できるように、したことがない子どもでも絵本などから雪で遊ぶ楽しさを想像し、描けるようにしましょう。

活動のねらい

★ イメージを自分なりに広げ、それを表現することを楽しむ。
★ 季節の自然に興味を持って関わろうとする。

ペンの色を限定し、描くことに関心を向ける

今回は最初に使うペンの色を3色（黒・青・茶）の中から選びます。色をあえて制限することで、色への興味より、思いや想像を"描く"ことに注目してほしいですね。

活動のポイント

濃い白色、薄い白色で画面に強弱を

濃い白色の絵の具を、強調したい部分などにも使用することで「濃」「薄」の強弱を付けることができます。絵全体のバランスに配慮し、使い分けることができるといいですね。

活動の展開に応じて

活動の進み具合を見て、ほかの色のペンや絵の具も使って展開させましょう。

導入・ことばがけ例

「寒くなると雪が降ってくるよね。今日は雪の絵本を持って来たよ」
（絵本を読む）
「雪が降ってきたとき、みんなはどんな遊びをする？」
「ゆきをまるめて、なげあいっこ！」
「そりにのってあそんだことがあるよ」
「あしになにかをつけてすべるあそびもあるよ」
「みんないろいろ知っているね」

「足に付けるのはスキーとかスノーボードっていう板だね。足に付けると雪の山を滑って降りることができるんだよね」
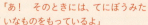「あ！　そのときには、てにぼうみたいなものをもっているよ」
「そうだね。スキーをするときには、手にストックっていう棒を持つとうまく滑ることができるんだよね」
「今日は、フェルトペンの色を黒、青、茶の中から一つだけを選んで描いてみようね。色を塗ってみたいと思う所は、後で違う色のペンや絵の具も用意しているから、まずは『こんなこと描きたい』って思うことをいっぱい描いてみよう」
「雪が降っている山はどんな山か、山はどんな所なのか、そこでどんな遊びをしてみたいかを考えて、お絵描きをしてみよう」

用意するもの

- 色画用紙
  四ツ切（桃・水・橙・黄緑・やまぶき）
  ※白色の絵の具が映える色を選びましょう。
- 水性フェルトペン
- 絵の具
  ① 白・茶・赤・橙・黄・緑・青を薄めに溶いた物
  ※上から塗ったときに水性フェルトペンの線が見える程度の濃度にしましょう。
  ② 白を濃いめに溶いた物
- 筆
- 雪に関する絵本
  ※導入に使用。

雪山の絵を描こう！

1 水性フェルトペンで思い思いに描く

絵本の内容をきっかけにペンを3色（黒・青・茶）の中から一つ選んで思い思いに描きます。

「スキーをするから、いっぱいやまをかいてみたんだ」

「ゆきだるまがあそんでいるところにゆきがふってきたの」

「ゆきにいろがあったらきれいだよね」

「ペンをつかってまどをぬってみようっと！」

全体が描けてきたら使いたい所にほかの色のペンを使って塗りましょう。

1月 雪山で遊ぼう！

2 絵の具で色を塗る

絵の具の「濃」「薄」を感じながら思い思いに色を塗ります。

「いろのついたゆきのまわりは、ふわふわのしろーいゆきでいっぱいだよ」

「しろえのぐでゆきをかいてみたよ。そのうえからいろのついたゆきをふらせてみよう！」

子どもたちの作品

「スキーにいくのに、ながぐつをはかないとさむいよー！てぶくろもわすれちゃだめー！」

「いっぱいゆきがふったから、ゆきだるまもよろこんでいるよ」

「ゆきのみちをわたると、みんなでちがうやまにいけるよ。したはゆきでいっぱい」

「ふわふわのゆきがふってきて、みんながバンザイしているの」

「えのぐのぬりかたがおもしろいから、ともだちのまね（左下の作品）してみたよ」

「みんなでスキーをしたあとは、いろのきれいなテーブルでごはんをたべるよ」

161

2月
豆をまいて「オニは〜そと!!」

パス　絵の具

パスで描いて

節分の豆まきを絵に描いてみましょう。強い鬼ってどんな顔をしているのかな…？　豆まきを体験していれば、その経験も踏まえて描いてみましょう。

活動のねらい
- ★ パスを使って自分の思いを絵に表現して楽しむ。
- ★ 経験したことや考えたことを絵に表現して楽しむ。

活動のポイント

パスの線は…
パスはマーカーほど細かい所を描くことはできません。もし細かく表現したい所があれば、どれぐらいの大きさであれば描くことができるかを考えて描くように伝えましょう。

パスで伸び伸びと力強く
パスは子どもの思いをそのまま絵に表現しやすい描画材料です。強そうな鬼は意識して力強く描いてみることも伝えましょう。

絵の具は必要に応じて
絵の具は準備しますが、パスだけで描きたいという子どもがいればそれでも構いません。子どもの思いに合わせて使うようにしましょう。

導入・ことばがけ例

- 「今日は節分の豆まきの絵を描いてみるよ。みんなは節分や豆まきって知っているかな」
- 「オニがくるんだよ」
- 「オニにまめをなげるよ」
- 「節分には鬼が来て、豆を投げるね」
- 「みんなも豆まきをしたことあるかな」
- 「『オニはそとー』っていってまめまきしたよ」
- 「豆まきをするときの鬼って、どんな鬼かな」
- 「つよそうなおに！」
- 「ツノがあるんだよ」

- 「強そうな鬼ってどんな顔をしているのかな」
- 「めがおおきいの」
- 「くちもおおきいんだよ」
- 「はもおおきい！」
- 「目も口も歯も大きい…それは強そう」
- 「ツノはどんなツノなんだろう」
- 「あたまのうえに2ほんあるよ」
- 「1ぽんのオニもいるよ」
- 「2本のツノがある鬼や1本だけの鬼もいるんだね」
- 「どんな服を着ているのかな」

- 「パンツみたいなのをはいているよ」
- 「そのパンツも強そうな色とか形をしているのかな」
- 「今日は強そうな鬼って分かるような色を使って鬼を描いてみるよ」
- 「鬼を描いたら、強そうな鬼に負けないように豆まきをしているところも描いてみよう」
- 「パスだけじゃなく、絵の具で色を付けたい人は絵の具も使ってみよう」

162

用意するもの

❶ 色画用紙　四ツ切（白・橙・黄緑・桃）
● パス
❷ 絵の具
　（茶・赤・黄・緑・青を薄めに溶いた物）
● 筆

鬼を描こう

1　鬼や豆まきしている人を描く

強い鬼を想像しながらパスで力強く描き、豆まきしている人も描きます。

> つよいオニがきたから、まめまきするひともかかなくちゃ

> おおきなオニとちいさなオニだよ

> パンツにもいろをぬってみよう

ポイント
初めはパスを1色だけ選んで描くようにしてみましょう。力強く描くことに集中できます。様子を見ながらほかの色も使えるようにするといいですね。

> ツノが1ぽんのオニがきたんだよ

163

2 絵の具で色を塗る

豆や鬼のパンツなど、絵の具で塗りたい所を塗ります。

えのぐであかオニにしてみたの

ここと、ここと....、オニにどんどんまめをなげるよ

パンツとツノにいろをつけたら、もっとつよそうになった！

ポイント

まずはパスで描いたり塗ったりすることを十分に楽しむようにします。その後、絵の具を出して塗りたい所だけを塗るように伝えましょう。

子どもたちの作品

おおきなあかオニだから、つよそうでしょ

おおきなはとツノで、つよそうなオニになったよ

まめをまいて、オニをへやにとじこめることができた！

れんぞくでまめをなげているんだ

おおきなオニにまけないくらいまめまきしたよ

オニにいっぱいまめをなげたところだよ

いろんないろのまめにしてみたよ

2月 節分だ！豆まきしよう

墨汁 絵の具

墨汁で描く

「鬼はそと、福はうち」と豆まきをして季節の行事を楽しむこども多いですね。墨汁を使って節分に豆まきをしているところを描いてみましょう。

活動のねらい

★ 季節の行事をきっかけに思いを広げて描くことを楽しむ。

★ 色の違いなどを感じながら描くことを楽しむ。

濃度の違いを伝えるために…

同じ墨汁でも濃度が異なれば色が違って見えることも伝えようと考えました。描きたい場所によって色合いを考えることにつなげてほしいと思います。

活動のポイント

和紙の風合いも楽しみたいですね

和紙に描いてみて、その風合いを感じるのも楽しいです。和紙によって墨汁などの染み込み加減が異なるので、事前に塗って確かめて使いましょう。

乾いていることを確認して

墨汁が乾いていないと色が混ざってしまいます。絵の具にも墨汁を混ぜているので、少しであれば大丈夫ですが、墨で描いた所を見たり触れたりして乾いているか確認して、絵の具を塗ってみるように伝えましょう。

導入・ことばがけ例

「2月3日は節分だね。豆まきをしたことあるかな？」
「あるよ！」
「オニはそと〜、ふくはうち〜っていいながら、オニにまめをなげたよ」
「今日はその豆まきをしているところを絵に描いてみるよ」
「墨汁っていう黒い絵の具のように描くことができる物を準備したよ」
「ぼくじゅう？」

「墨汁は、昔から文字を書いたり絵を描いたりするのに使ってきたんだよ」
「今日は墨汁で二つの黒を準備したよ。描いてみると黒い色が違うね」
「ほんとだ」
「ひとつはネズミいろしてる」
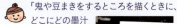「鬼や豆まきをするところを描くときに、どこにどの墨汁を使うのかを考えながら描いてみよう」

「鬼を描くならどういうふうに描いたらいいかな…」
「ツノがひとつのオニとふたつのおにがいるんだよ」
「こわいかおしてた」
「まめをなげたらないていたよ」
「どんな顔をしていたかを考えて鬼を描いて豆まきしているところも描いてみよう」
「後で絵の具も出すよ。塗りたいと思った所に色を塗ってみてね」

165

用意するもの	
● 色画用紙	四ツ切（クリーム・薄茶・白）
❶ 墨汁	水で溶いた濃いめ・薄めの物
❷ 絵の具	（白・黄・橙・赤・青・緑）+墨汁

豆まきを描こう

1 鬼や豆まきをしているところを描く

描きたい物に合わせて濃度の異なる墨汁を使って豆まきをしているところを描きます。

2 絵の具で思い思いに色を塗る

塗りたい所に好きな色を塗ります。

2月 節分だ！豆まきしよう

つよいあかオニにまめまきをするよ

まめにもいろをぬってみるよ

えのぐでまめもかいてみよう

子どもたちの作品

まめまきのまめをいっぱいかいてみたの

まめまきをしてたのしかったところをかいたよ

「えいっ」てまめをなげているところをかいたの

まめをなげたらオニがにげたよ

こわそうなオニにまめをなげているよ

おおきなオニにまめをなげているところだよ

つよいぼうみたいなものをもっているオニだよ

167

2月 のり巻きを作ろう！食べよう！

パスで楽しむ！

節分といえば、豆まきだけではなく、「恵方巻き」としてのり巻きを食べる習慣もあります。好きな具が入ったのり巻きを楽しく描いてみましょう。

活動のねらい

★ 思ったことや考えたことを自分なりに表現して楽しむ。

★ 話を展開させながら描く楽しさを感じる。

活動のポイント

子ども同士のやり取りを生かした援助を

会話を楽しみながら絵を描いているときは、言葉を掛けずに見守り、子ども同士のやり取りも楽しめるようにしましょう。

一人ひとりの思いや表現を受け止める

これまでの絵を描いた経験を生かして自分なりの表現を楽しんだり、お話を考えることを楽しんだりできるように、一人ひとりの思いや表現を受け止めましょう。

子どもの発想を認めて伝える

子どもの思いや発想の中でおもしろい物があれば、実際の絵をほかの子どもたちに見せ、伝えてみましょう。発想が認められたと感じることで自信につながり、ほかの子どもたちにもよい刺激になります。

導入・ことばがけ例

「節分って知ってる？」

「オニがきて、まめをまいたりする！」

「そうだね、その日に食べる『のり巻き』っていう食べ物があるんだけど知っているかな？」
「大きなのりにご飯を置いて、その上に好きな具を乗せたら、のりをくるくるっと巻くの。そうするとのり巻きができるんだよ」
（のり巻きの写真などの資料を見せる）

「たまごときゅうりとかはいっているおすしだ」

「そう！ おいしいよね。今日はそんなのり巻きを描こう！」
「まずは、くるくるっと巻いたのりを描くよ」

「細い線で描いたのりだと破けちゃいそうだね」
「ふといせんののりのほうが、いっぱいなかにたべものをいれてもやぶけないよ」

「本当だね！」
「のりが描けたら、中に何を入れようかな」

「ごはんもいれなきゃ」

「そうだね。のりを描いたらご飯を入れて、好きな具を入れてみよう」
「のり巻きをいっぱい描いたら、作っている人や食べている人を描いてみてもいいね」

用意するもの
❶ 色画用紙　四ツ切（黄緑・橙・桃）
● パスまたはクレヨン
● のり巻きの写真などの資料
※本や写真など導入に使用。

〈絵の具を使用するとき〉
❷ 絵の具　（赤・橙・黄・緑・白・黒）
● 筆

のり巻きを作ろう

1　のり巻きを描く

のりを描き、その中にご飯や好きな具を描きます。

> のりをいっぱいつかったのりまきなんだ

のりを描いて…

> ちいさいのりまきをいっぱいかいてみたよ

ご飯と具を描こう！

> ひとつののりまきのなかにいろいろなものをいれたよ

ポイント
丁寧さが足りない子どもには、線をしっかり描くことや、丁寧に塗ることが「おいしそう」に見えることを伝え、自信や達成感を感じられるようにしましょう。

169

2 食べている様子などを描く

のり巻きを作っている人や食べている人、のり巻きを乗せる皿などを思い思いに描きます。

「おおきなのりまきだから、おおきなおさらにいれなくちゃ」

「おおきなのりまきをみんなでたべるんだ」

「のりまきをたべたあとはケーキもあるの」

ポイント
子どもたちが考えたことを気持ち良く絵に表現できるよう、温かい雰囲気づくりを心掛けましょう。

子どもたちの作品

「みんなでおはしでたべるんだ！おすしもあるよ」

「のりまきとのりまきがくっついているんだ」

2月 のり巻きを作ろう！食べよう！

いっぱいのりまきのいろを
ぬってたのしかったよ

ぜんぶなかみが
ちがうんだよ

ごはんをいっぱいぬったら、
つるつるしたのりまきになったよ

遊びを広げよう

絵の具も加えて描くと…

絵の具で描く楽しさを感じて、パスとは異なった表現を楽しみながら取り組むことができます。

おさらにいれると
おいしそうに
なった！

めいろになっているから、
すきなのりまきをたべにいくのが
むずかしいよ

ひとりずつ
たべられるように、
テーブルを
よういしたの

おおきなのりまきに
はいりきらないくらい、
ごはんをかいてみたよ

2月 鬼さんのおしゃれなパンツ

イメージを膨らませて描こう

節分では豆を投げられてしまう鬼ですが、今回は少し違うおしゃれな鬼を登場させました。おしゃれな鬼のパンツはどうやって作られるのでしょうか。自分の発想を絵にしたり、想像を膨らませたりしながら描くことを楽しみましょう。

活動のねらい
★ 自分なりの発想や想像を自由に表現して楽しむ。
★ 表現に合わせた材料や素材の使い方に関心を持つ。

導入のお話を生かすには
ペープサートで話をするときには、子どもたちの発想を取り入れながら進めるといいでしょう。また、表現する意欲を高めるために、活動の過程でも発想を振り返りながら伝えるといいでしょう。

活動のポイント

描画材料の使い方
「画用紙の色よりも強い色はどれかな？」など、選んだ色画用紙に合わせて使用するペンやパス、絵の具の色も考えられるように言葉を掛けてみましょう。事前に試しておくことも大切です。

互いに認め合いながら
子ども同士が話しながら互いの発想を認め合い、描いていくことも大切な経験です。子どもたちの発想に耳を傾けながら受け止めたり、見守ったり、言葉を掛けたりするようにしましょう。

導入・ことばがけ例

「今日はみんなとおしゃべりしたいっていう友達が来たよ」
（鬼のペープサートを見せる）

「あ！ オニだ！」

「そう！ 鬼さんが来てくれたよ。鬼さん、お話があるんだって」

「みんな、こんにちは！ ぼく困っていることがあって…」

「なに？」

「ぼくのパンツ真っ白なんだ。もっと強そうに見えたり、おしゃれに見えたりするパンツが欲しくて、パンツを作っている所に行こうと思うの」
「でも、どんな所で作っているのか分からなくて、みんな一緒に考えてくれないかな？」

「いいよ！」
「つくっているところって、こうじょうみたいなところ？」

「わぁ！ よく知っているね。工場ってどんな所か知っているの？」

「パンツをはこぶトラックとかがあって…」
「いっぱいはこぶためのきかいもあるんじゃない？」
「オニさんがつくってるのかも」

「へぇ！ そうなんだ！ じゃあ、お絵描きして教えてくれるかな？」

「まずはパスかペンかのどちらで描くか自分で決めようね。決まったら使う色を選んで…。おしゃれなパンツを作ってくれる所を描いてみよう！」

用意するもの

❶ **色画用紙** 四ツ切（クリーム・水・薄桃・黄緑・白）
● **水性フェルトペンまたはパス**
　※今回は水性フェルトペンとパスのどちらかを子どもが選んで使います。
❶ **絵の具**
　（白・赤・青・黄・橙・緑・黄緑を薄めに溶いた物）
❷ **鬼のペープサート**
　※導入に使用。鬼の表情は話の内容に合わせて変えましょう。

パンツ工場を描こう！

1　水性フェルトペンかパスで描く

水性フェルトペンとパスのどちらを使うかは子どもが決めます。選んだ1色で描き始めます。

「パンツがうえにいくきかいだよ」

「こうじょうからモクモクとけむりがでるんだ」

「パンツをはこぶきかいがいるよね」

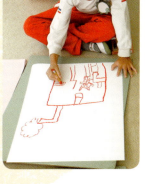

「パンツをいろいろないろでぬったよ」

 ポイント
全体が描けたり子どもからの要望があったりすれば、ほかの色も使えるようにしましょう。

2 絵の具で描いたり塗ったりする

水性フェルトペンやパスで描いた後、絵の具で描いたり塗ったりしてイメージを膨らませます。

パンツは えのぐでぬったら きれいだよ

こうじょうには たくさんの おへやがあるの

子どもたちの作品

4歳児

パンツにいろをつけていたら、かおにもぬりたくなっちゃった

つくるところにおみせもあるから、かいにきてね

おにさんがたのしそうにパンツをつくっているよ

2月 鬼さんのおしゃれなパンツ

子どもたちの作品

5歳児

うえからきかいがおりてきて、はこべるんだよ

こうじょうでいっぱいつくったからあそびにきてね

こうじょうのまわりはクリーニングしたパンツがいっぱいだよ！

いろいろないろのパンツ。おしゃれでしょ？

175

3月 みんなで乗ろう！観覧車

友達と一緒に描こう

友達と一緒に描く経験をすることで、協力しながら一つの物を描いていく楽しさや達成感を感じることができます。これまでの経験を生かしながら、みんなで作品を描いてみましょう。

活動のねらい

★ 友達とイメージを共有しながら描くことを楽しむ。

★ イメージを膨らませながら描くことを楽しむ。

活動のポイント

ゴンドラを切るとき
「形」や「切る」ことに気持ちが傾きすぎると、描こうとする気持ちに切り替えにくくなってしまいます。ゴンドラに描く物をイメージしながら切るように言葉を掛けましょう。

遊びも楽しみながら
描いた物を使って遊ぶことで、さらに描きたい物が見つかることもあります。次の描きたい意欲につながるようにしましょう。

子ども同士の交流
子ども同士が関わり合いながら描くことを楽しめるようにすることが大切です。子どもたちの会話に耳を傾けながら、必要に応じて見守ったり会話に入ったりして雰囲気づくりを心掛けましょう。

導入・ことばがけ例

「今日は大きな紙を持って来たよ」

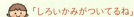「しろいかみがついてるね」

「そうだね。実はこの白い紙は回すことができるんだよ」

（車軸をゆっくりと回転させる）

「まわってる！」

「この回る紙を使って、遊園地にある乗り物を作ろうと思うんだけど…。高ーい所が見える乗り物の…」

「かんらんしゃ！」

「そう！ ○○組のみんなが乗る観覧車を作ろうと思います」

「みんなが乗る所はゴンドラって言うよ。ゴンドラを作るためにいろいろな色の画用紙を持って来たよ」

「ゴンドラの形を考えて、ハサミで切ったら、誰と乗りたいかを考えて、ペンかパスで描いてみよう」

「小さく切っちゃったら…、あんまり乗れないよね。いっぱい人が乗れるように大きく切るといいかもしれないね」

「描けたら、回る紙の端にテープが付いているから、好きな場所を見つけて貼ってみようね」

（ゴンドラを貼る）

「観覧車の周りに、遊園地に遊びに来ている人や待っている人も描いてみよう」

用意するもの

❶ **色画用紙**
　四ツ切の1/6サイズ
　（黄緑・水・薄桃・やまぶき）
　※ゴンドラに使用。
● ハサミ
● 水性フェルトペンまたはパス
● 絵の具
　（茶・赤・青・藍・黄・橙・緑・白）

● 筆
❷ **ボール紙**　四ツ切の1/8サイズ（白）
　※観覧車の車軸に使用。端に両面テープを
　貼ります。
● 模造紙　（クリーム・薄桃）
　※観覧車の車軸を、割りピンで付けます。
● 割りピン
● 両面テープ
● 布テープ

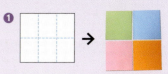

観覧車を作ろう

1　ゴンドラの形をイメージして色画用紙を切る

後から描く物をイメージしながら、ゴンドラの形を切ります。また、小さくなりすぎないように伝えます。

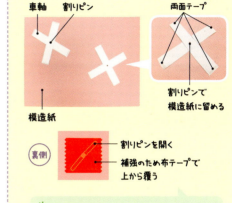

ゴンドラの台紙を作る

車軸　割りピン　　両面テープ

模造紙

割りピンで模造紙に留める

裏側　　割りピンを開く
　　　　補強のため布テープで上から覆う

ポイント
ボール紙の厚みや画用紙の重さによっては、壁に飾るときにゴンドラが落ちてしまうこともあります。事前に試し、確かめておきましょう。

どんなかたちにしようかな？

おもしろいかたちでしょ？

② 水性フェルトペンやパスで絵を描く

ゴンドラの形に切った色画用紙に、水性フェルトペンやパスでゴンドラの中の様子を考え、思い思いに描きます。

ハートの
ゴンドラに
のっているの

まどから
そとがみえるよ

へやをわけて
のれるように
するの

環境構成の工夫

両側に並べた画板の所でゴンドラを作ったら、中央の模造紙の所に行き、車軸に貼れるようにしました。

3月 みんなで乗ろう！ 観覧車

3 好きな車軸に貼る

思い思いに描いたゴンドラを好きな車軸に貼ります。

〇〇ちゃんの ちかくに はりたいな

わー！ まわる、 まわる！

まんなかにも ゴンドラを はってみたよ

4 周囲に絵の具で絵を描く

どんな観覧車かを友達と話し合いながら、周囲に絵の具で絵を描きます。

となりどうしに なるように かこうよ

かいだんを つけたから そっちにも あそびにいけるよ

子どもたちの作品

かいだんやはしごを とおって、かんらんしゃに のりにいくんだよ

3月

風船に乗って空へ出掛けよう

友達と一緒に！

春風がそよぐ空に、風船で浮かぶことを考えると楽しいですね。風船に乗って飛んで行く様子を、次年度の学年や年齢へと飛び立つことに見立てて楽しく絵を描きましょう。

活動のねらい

★ 場面を想像しながら描くことを楽しむ。

★ イメージを共有しながら友達と描くことを楽しむ。

活動のポイント

描画材料の違いを感じながら

パスは線を描いたり塗ったりできる楽しさを、絵の具は広い面を塗れる楽しさを、感じられるようにしましょう。子どもが選べるようにするといいですね。

想像を膨らませて描く

風船の中の様子を考えたり、風船と一緒に空に飛ばしたい物などを想像したりして、描くことを楽しめるように共感しながら関わるようにしましょう。

子ども同士のやり取りを楽しめるように

模造紙に描くときは、子ども同士の言葉のやり取りや描き合う姿が見られます。やり取りを見守り、必要に応じて会話に入るなど、子ども同士が一緒に絵を描くことを楽しめるようにしましょう。

導入・ことばがけ例

 「今日はこんな形の画用紙を持って来たよ」
（風船の形の色画用紙を見せる）

 「ふうせんだ！」

 「風船ってどこを飛んでいるのかな」

 「そら！」

 「そうだね。ふわふわーっと空に飛んで行くよね」
「今日はみんなの分の風船を持って来たよ」
「この風船に乗って、空に向かって飛んで行ったり、みんなで遊びに行ったりしているところを描いてみよう」

 「好きな色の風船を選んで、風船に乗っている人や、風船の中の様子を考えて描いてみようね」
（子どもが風船に絵を描けたら…）

 「風船に絵が描けたら、大きな模造紙の空に貼ろう」
「いろいろな色の空があるよ。好きな色の空に貼ってみてね」
（模造紙を持ち上げて見せながら）
「貼るときに風船がいろいろな向きになってしまうと、ぶつかってしまうから、『どっちが空の上の方かな』って考えて貼ってみようね」
「小さな風船も用意したよ。大きな風船を貼ったら、小さな風船にも絵を描いて貼ろう。風船の周りに好きな物を描いてみようう」

用意するもの

❶ 色画用紙
風船の形に切った物
（白・水・黄緑・橙・黄・桃）
<大きな風船>B4の1/2サイズ
<小さな風船>A4の1/2サイズ
※初めは大きい色画用紙のほうを使い、後から子どもの描きたい気持ちに合わせて小さいほうも加えていきました。

● パスまたはクレヨン
● 模造紙
　（クリーム・水・薄桃）
● のり
❷ 絵の具
　（緑・橙・青・赤・白）
● 筆

風船を飛ばそう！

1　風船を描く

風船の形に切った色画用紙に、自分たちが乗っている様子をパスで思い思いに描きます。

ともだちを
いろいろないろで
かくのがたのしいな

いっぱいいろを
つかうと、きれいな
ふうせんになった！

ふうせんの
なかでも
ともだちと
あそべるよ

181

② 風船を模造紙に貼る

風船の向きも考えながら、好きな場所にのりで貼ります。

みんなで ならべて はろうね！

ポイント

風船を貼る位置や方向が分かりにくいときは、模造紙を持ち上げて、どっちが上になるかを伝えたり、貼った後に風船が上に飛んで行くように「ふーわ ふーわ」と言いながら模造紙をゆっくり持ち上げて見せたりしてもいいですね。

③ 模造紙に周囲の様子を描く

空に浮かんでいる様子をイメージしながらパスや絵の具で絵を描きます。

ふうせんと いっしょに とんでいるひとを かくよ

ちいさいふうせんも とばすんだ

そらにはいっぱい くもがあるんだよ

3月 風船に乗って空へ出掛けよう

子どもたちの作品

たくさんの風船を描く子どもに影響されて、周りの子どもたちも協力して一緒に塗りました。

みんなでふうせんをいっぱいとばしたよ

ふうせんがとんでいるところに、あめがふってきたんだ

ふうせんとくもがはしごでつながっているよ

雨が降るところを描いた子どものイメージがみんなに広がりました。いろいろな色の雨が降っています。

遊びを広げよう

高いところに飾って

子どもたちの作品を貼って、部屋を空の雰囲気にしてもいいですね。

183

3月

スポンジスタンプで描こう

〇〇組の秘密基地へようこそ

多くの経験を積んだこの時期。これまでの経験を生かし、様々な描画材料に触れながら楽しく絵を描いてみましょう！子どもたちの思いがあふれる楽しい活動になるといいですね。

活動のねらい

★ 様々な材料に意欲的に関わり、思い思いの使い方を楽しむ。

★ 友達と関わりながら絵を描くことを楽しむ。

材料との関わりを楽しむ＝表現を楽しむ

描くだけではなく、スタンピングや絵の具を使うので、材料と関わる楽しさを感じながら描くことも楽しめるようにしましょう。

活動のポイント

友達との関わりも大切に

共同で描くので、友達との関わりも多くなります。必要であれば活動に加わったり、見守ったりしながら、関わり合いから生まれる表現も大事にしましょう。

好きな場所で思い思いに

模造紙を使うので描く場所も広く、好きな所を選んで描くことができます。友達同士で楽しく、ひとりでじっくりなど、その子によって思いも異なるので、気持ちをくみ取りましょう。

導入・ことばがけ例

「みんなは秘密基地って知っているかな？」

「ひみつであそべるところ？」
「ないしょのいえみたいなところ？」

「そうだよ！ 今日は〇〇組だけの秘密基地をほかの組のみんなには内緒で作ってみよう」
「基地を建てるために、今日はスポンジを持って来たよ」

「スポンジ？」

「このスポンジに絵の具を付けて、紙の上にぎゅっと押してみると…」

（トレイの絵の具にスポンジを付けて、模造紙の上にスタンピングをする）

「上に、上にって押していくと…」

「せんみたいにつながってきた」

「これをつなげて、みんなで遊べる基地を作っていくよ」
「2階を作りたいなって思ったらどうしたらいかな？」

「よこにおしたら2かいもできるんじゃない？」

「本当だね！ 2階ができたら、そこでもみんなで遊ぶことができるね」
「隣にも部屋を作ろうとか、高い基地がいいなとか、いろいろ考えて作ってみよう」
「3つの色があるから好きな色を使ってみてね」
「基地ができたら、組のみんなで遊んでいるところをパスで描いてみよう」

用意するもの

- ●模造紙
    1/2サイズ（縦長と横長の2種類）
- ❶スポンジ　1/4サイズに切った物
- ❷トレイ　※スタンプ台として使用。
- ●パス
- ❸絵の具
    ＜スタンピング用＞茶・こげ茶・灰
    ＜基地用＞桃・黄緑・橙を薄めに溶いた物
- ●筆

秘密基地を描いてみよう

1 スタンピングで秘密基地を作る

スポンジのスタンプを積み上げるように押して、秘密基地を作っていきます。

ポイント
最初はスポンジに絵の具が染み込みにくいので、あらかじめ絵の具をなじませておきましょう。

わたしはこのいろにしてみようっと

ともだちのきちとつながったよ

ゆっくり、ぎゅっとおすときれいにできたよ

いっぱいへやがあるきちができたよ

185

2 秘密基地の中を描く

パスを使って思い思いの場所で話を広げながら描きます。パスで十分に描いた後は、絵の具で色を塗ってもいいでしょう。

こっちのきちにも
あそびにいける
ようにしたいな

つぎは
なにをかく？

きちのうえで
あそんで
いるんだよ

いっしょに
えのぐでいろを
ぬろうね

ポイント
色をいっぱい塗りたいという声が聞こえたり、広い所を塗りたい様子が見えたりすれば、絵の具も出します。

3月 ○○組の秘密基地へようこそ

子どもたちの作品

2かいだてのきちの
2かいが
あそぶところなんだ

そとはあそべて、なかは
ベッドでねることができるよ

となりのともだちのきちに
つながっているみちもあるよ

きちのなかは、ぐる
ぐるめいろみたいに
なっているよ

遊びを広げよう

基地の並びを考えよう！

どの基地を隣に並べるかを子どもたちと考えながら、つなげて飾ってみてもいいですね。

187

3月 お花畑で遊ぼう

デカルコマニーで楽しく

春になるといろいろな花が咲きますね。みんなで一緒にデカルコマニーで花を作って、お花畑で遊んでいるところを描いてみましょう。

活動のねらい
★ デカルコマニーで遊ぶことや色合いを考えて楽しむ。
★ 友達と一緒に絵を描いて楽しむ。

おもしろさを伝える
デカルコマニーは思いもよらない模様ができることが楽しい技法です。画用紙を開いた後、絵の具を加えてもう一度混ぜ合わすこともできるので、試してみても！

活動のポイント

描く場所を選べるように
一緒に描きたい子ども同士が描けるように、模造紙を数か所に分けて場所を選べるといいですね。場所を移動するなど楽しさが継続できるようにしましょう。

混ざることを考えて
隣り合ってもにじまずに混ざり合う様子が分かり、それぞれの色がきちんと見えるように、濃い絵の具を準備するといいでしょう。どの色が組み合わさってもきれいに見える色を準備することも大切です。

導入・ことばがけ例

「今日は花をいっぱい作ろうと思って花の形をした画用紙を持って来たよ」
「お花畑にしようと思っていっぱい持って来たんだけど、白い花ばかりでちょっとさみしいね」

「あかいはながあるといいな」
「きいろもきれいだよ」

「いろんな色の花があるんだね。この白い花に、絵の具で色を付けて花を咲かせてみるよ」
「今日は塗るんじゃなくて、違うやり方で花の色を付けてみようね」

「この花は真ん中で半分に折れるようになっているね」
「片方に絵の具を置いて…その絵の具の近くに違う色の絵の具も置いてみよう。これを折ってみると…」

「おっていいの？」

「そう！ 折ってからゆっくりと押さえて、開いてみるよ」

「えのぐがおおきくなった！」

「本当だね。いろんな絵の具を置いて花を作ってみよう」
「いっぱい花ができたら、大きな模造紙の上に貼ってお花畑みたいにしよう」
「花でいっぱいになったら、パスでお花畑で遊んでいるところも描いてみよう」

用意するもの
- 模造紙　1/2サイズ（桃・黄・黄緑）
- ① 白画用紙　二つ折りにして花型に切った物
- ② 絵の具
　　デカルコマニー用（橙・桃・黄・黄緑・白）
- パス
- 筆
- のり

お花畑を作ろう

1 デカルコマニーで花を作る

白画用紙を二つ折りにして、花形の片面に絵の具を置き、デカルコマニーで遊びながら花に色や模様を付けます。

「みてー！かがみみたいにうつったよ」

「えのぐを3つにしたらどうなるかな？」

「おなじえのぐだけど、みんなちがうはなになった！」

「もうひとつえのぐをおいてみようっと」

ポイント
繰り返して遊べるように、画板などを置いて、できあがった花を乾かすための場所を確保しておきましょう。

2 花を貼ってお花畑で遊んでいる様子を描く

デカルコマニーの花を模造紙に貼り、その周りに遊んでいる自分や友達などをパスで描きます。

どこにはろうかな？

おおきなかみとおおきなかみを、はなでがったいさせたよ！

こっちにもあそんでいるひとがいるよ

はなのあいだにすべりだいがあるよ

3月 お花畑で遊ぼう

子どもたちの作品

うえのほうにある
はなをみている
ひとがいるよ

あおいそらのところに
はながさいているの

おはなばたけで
しゃぼんだまをとばしたよ

かみをがったいしたから、
おおきいすべりだいがかけたよ

はなのなかに、かいだんと
みちがあるんだよ

遊びを広げよう

飾るのも楽しく!

飾り方も子どもたちと考え、みんなでお花畑で遊んでいるようにつなげて飾りましょう。

191

なるほど！絵あそびプチレッスン

Q&A 子どもたちへの関わり方のコツ

導入で子どもたちを引き付けるコツ

Q 始めたいときに、違うことに気を取られる子どもには…？

A 導入での子どもたちとのやり取りで、違うことに気を取られる子どもには「○○くんは何の形に見える？」と名前を入れて問い掛け、参加したいという気持ちになるように働き掛けましょう。

Q 技法など、手順をうまく伝えるのが難しい！

A 活動の前にもう一度手順を確かめましょう。手本を示すときに誤ったとしても「先生、間違えちゃった」とやり直すことで、子どもがより詳しく手順を知る機会にもなります。

活動をスムーズに終えるコツ

Q なかなか描き終わらない子どもには…？

A どこまで描くのかという見通しを子どもと一緒に確認しましょう。時計で時刻を確認し、時間で区切るのも一つの方法です。

Q 絵の具の筆を片付けるときは…？

A 片付けは次に使うときの準備です。筆に絵の具が残ると次に使いづらくなるので、ほぐしながら水できれいに落としましょう。落ちにくい場合は泡立てた石けんを使って洗い、毛先を整えて風通しのよい所で乾かしましょう。

子どもの困ったに対応

Q なかなかイメージが浮かばない子どもには…?

A イメージが思い浮かばない様子の子どもは、具体的なイメージをきっかけに描き始めることもあります。「先生だったらこうしようかな」と保育者の思いを伝えてみるのもいいですね。

Q うまく絵に表せない子どもには…?

A 思いを形に表せないときには、最初をどんな形にしたいか聞いてみるといいですね。描き始めに「それは丸いのかな? 四角いのかな?」など形を挙げながら聞いてみてもいいでしょう。

Q 画用紙いっぱいに絵を描けない子どもには…?

A 画用紙いっぱいに描けないといけないことはありません。ただ、全体の空間を把握できていないときなどは、空いている所を指して「そこには何があるの?」と聞いてみてもいいですね。

Q 黒でしか描かない子どもに他の色を使うように声を掛けたい!

A 人物であれば「おしゃれな色の洋服もいいね!」と声を掛け、いろいろな色を使うことを考える機会をつくってみましょう。

保護者への対応

Q 活動の内容をうまく伝えるには…?

A 降園時やお便りを活用して、活動の中でその子どもが言っていたことやそれが実際にどのような形となって表れたかなどの経緯を伝えると、保護者にも具体的に伝えることができます。

Q 「上手」「下手」を気にする保護者には…?

A 作品の仕上がりだけに目を向けてもらうのではなく、活動の中でどう楽しんでいたか、線の1本や丸の一つをその子どもがどういう思いを持って描いていたかを伝えるようにしましょう。

Q&A 描画材料の特徴を知ろう！

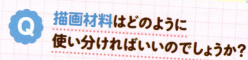

Q 描画材料はどのように使い分ければいいのでしょうか？

A 普段使っている描画材料も、使い方を工夫すると絵の色合いや雰囲気が変わります。ここではそれぞれの描画材料の特徴について紹介します。

絵の具

絵の具と水の量のバランスで色合いが変わります。

絵の具の色がそのまま色画用紙に反映されます。絵の具で伸び伸びと描くなど、主たる描画材料として使うときに向いています。

塗った直後は表面がつやつやしていますが、乾くとつやがなくなりマットな感じになります。事前に乾いた後の色合いも確認しておくことが大切です。

筆で長い線を描いてみて、かすれたり薄くなったりせずに描くことができるよう水の量を調節しましょう。

乾いた後に下の色画用紙の色が透けて見えます。ペンやパスで描いた上から色を塗るなど、副材料として使うときに向いています。パスで描いた所をはじかせるように塗るはじき絵のような技法を使うときにも、こちらのタイプの絵の具のほうが向いています。

水の量によって透け感も変わってくるので、使用する色画用紙に描いてみて、乾いた後の色合いも確かめるようにしましょう。

パス・クレヨン

パスは伸びがよく、線描だけでなく面を塗るのにも向いています。クレヨンはパスより描き心地が少し硬く感じられ、線描に向いています。ただ、教材用のパスやクレヨンは子どもにとっては描き心地に大きく差を感じることはないので、同様に使ってもほとんど問題ありません。

線を描いたり面を塗ったりするとき、力強く使うことを意識すると色の付き具合がよくなります。伸びがよい材料ですので、混色をして自分で色作りを楽しむような題材にも使うことができます。混色すると最初に描いた色が色画用紙に定着しやすくなるので、色の組み合わせが同じでも混ぜる順番や重ね方で色合いに変化が生まれます。色の組み合わせと、その意外性を楽しむときの題材に使うと楽しいですね。

黄＋赤

黄＋青

水を塗るとインクが溶け出してにじみます

　ペンは筆圧が弱くてもインクが色画用紙の上に乗りやすく、子どもが手を動かした通り、思った通りに色が付くので描画で活用する機会が多い材料です。

　水性のペンでよく使用するのは染料インクの物が多いのですが、このタイプのペンは色画用紙に描いた後でも水を上から塗るとインクが溶け出します。描いたり塗ったりするだけでなく、水を加えるという使い方で表現方法を広げて使うこともできます。

塗る面が多いと色も濃くなります

　色画用紙の上だけでなく、障子紙のように染み込みやすい材料に描いて水を上から塗ると、障子紙の上だけに色が広がり、混ざり合う様子も楽しみながら絵を描くことができます。

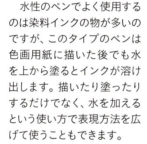

障子紙では色が広がったり、混ざり合ったりする様子も楽しめます

　コンテはぼかしたような柔らかい線や面を表現することができます。角を立てて描くと線描ができ、横に寝かせて描くと太い幅になります。持ち方を変えて使うことで描く感じを変えることができます。

　粉を固めて作られているので何度も重ねて塗ったり、強く何度もこするようにして描いたりすると粉が出てきます。出てきた粉を指やティッシュペーパーや綿などを使って広げるようにこすると、描いた周囲をぼかしたような優しい雰囲気も表現できます。

角を立てて描く

横に寝かせて描く

　違う色を上から重ねて描いて混色をすることもできます。塗り込むことで出てきた粉も混ざり合った色になります。

　線描や面塗り、ぼかしたり混色したりなど多様な表現方法を楽しむことができるので、自分の思いに合せて表現方法を選びながら楽しんで描くことができます。

周囲をぼかす

混ぜて混色も

　墨汁を使って描くと落ち着いた雰囲気の絵になります。原液そのままを使うと輪郭がキリッとした線が描けます。

　原液に水を多めに入れると薄墨になり、描いた線が乾いた後で上から重ねて描くと濃く見えます。

　原液と薄墨の2種類を使って描くと、同じ材料で統一感を持たせつつも、トーンの異なる線や面を描くことができるので、描き方によって多様な絵になります。

　墨汁で描いた絵に色を加えて描くのであれば、絵の具に少し墨汁を加えた物を使うと落ち着いた感じに統一できます。

原液

原液＋水

195

Q&A 色の組み合わせを絵に生かそう

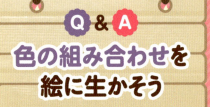

色相環

Q お絵描きのときの色の組み合わせにいつも悩みます！

A 色のトーンや色合いを合わせると全体の雰囲気にまとまりがでます。様々な色の組み合わせを試し、楽しみましょう！

色のトーンを合わせる

色のトーンを合わせることで画面が引き締まったり、柔らかな雰囲気になったりします。

パステルカラー
明るく柔らかな色

絵の具でいうと白を混ぜたような柔らかな色合いの組み合わせです。淡い色合いなので、暗い色画用紙に合います。

ビビッドカラー
鮮やかなはっきりとした色

絵の具でいうと原色そのままの色を使った組み合わせです。色が鮮やかなのでめりはりがついた絵になります。はつらつとした元気な印象を与えます。

ダークカラー
渋く落ち着いた色

絵の具でいうと黒を加えたような色の組み合わせです。落ち着いた感じの色合いを合わせることで、どっしりとした仕上がりになります。

色合いの近いものを選ぶ

暖色系や寒色系などを使うと、季節感を表しやすくなります。
色画用紙を描画材料と同じ系統の薄い色にしてみてもいいですね。

青から緑の色合い

遠足など青々とした自然の色として取り入れると、爽やかな季節の雰囲気を取り入れることができます。

桃から青の色合い

アジサイを題材にするときに、桃から青の範囲から数種類の色を準備します。

黄から赤の色合い

秋の紅葉や落ち葉を題材にするときに、黄から赤の範囲から数種類の色を準備します。

補色を組み合わせる

補色は、まったく反対の要素を持った色同士なので、互いの色を強調し合って、引き立ててくれます。

赤紫と黄緑で

ブドウ狩りの題材では、赤紫のブドウと黄緑の葉っぱの対比がきれいですね。

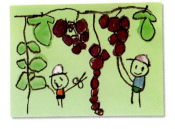

赤と青緑で

クリスマスを題材にするときに赤や緑を使うと、互いの色を目立たせ合うことができます。

Q&A こんなときに技法を使おう!

Q 技法ってどんなときに取り入れたらいいですか?

A 技法は手法を知るだけではなく、それをきっかけにすることで、意欲を高めたり試行錯誤したりする楽しさや表現方法の幅を広げる機会にもなります。各特長や配慮点を踏まえ、楽しく活動できるようにしましょう。「こんなときに使ってほしい」というシーンごとに技法を紹介します!

スタンピング

「同じような形を何度も使いたいとき」

同じ形を何度も押して何かに見立てたり、それをきっかけにしてお絵描きを展開したりしていくときに使うことができます。絵の具を使うので、乾けば上に絵の具やパスを使って重ねて描くことができます。

★こんな材料が使えます

スタンプの型にダンボール板の側面の波型や、細長く切って丸めた丸型模様が使えます。別の形を考えてもいいですね。ほかにもプチプチシートやスポンジ、野菜の断面など身近にある物を使うこともできます。

スポンジ　　プチプチシート　　野菜

デカルコマニー

「表したい形が左右対称で色合いが自由なとき」

デカルコマニーは片側に絵の具を乗せた色画用紙を半分に折り畳んで、反対側に絵を写す技法です。左右対称の形を生かせる物で、色がどのように混ざり合っても自由な題材であれば、お絵描きに取り入れられます。

はじき絵

「秘密にしたい気持ちを生かしたいとき」

白画用紙に白いパスを使って描くと線が見えにくいのですが、それを"秘密にしておきたい物"として使うことで見えにくさを生かすことができます。絵の具を塗ると描いた物が見えるので、遊びながらお絵描きを楽しめます。

「水槽や海がテーマのとき」

水槽や海に見立てた色画用紙に魚などの生き物をパスで自由に描きます。魚の周りにお水を入れて元気にさせようという設定で技法を取り入れて活用することができます。

「夜がテーマのとき」

パスで花火や花火を見ている人などを描きます。「夜になったから花火がよく見えるようにしよう」と言い、黒の絵の具を塗ります。パステル調のパスを使うときれいですよ。

版画

「自由に形を考えるテーマのとき」

紙版画は思い通りに切ったり貼ったりできる画用紙を使うので、子どもたちが自由に形を考えたり変えたりすることができます。重なり合った部分の凹凸が転写されるところがおもしろいので、重なりも意識しながら作ると楽しいですね。

★ こんな材料が使えます

子どもたちが版画を楽しむための主な素材としては、紙やスチレン板、シールなどがあります。そのほかにもアルミホイルや水切りネットの網目など身近にある物でも、薄手で凹凸のある物なら写し取ることができます。木工用接着剤などを使って毛糸を貼った物や葉っぱなどの自然物を写し取ることもできます。

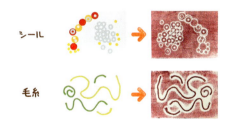

にじみ絵

「染料インクの発色のよさをにじみに生かしたいとき」

● 水性フェルトペンを使って

水性フェルトペンは色がはっきりしています。にじませることで染料インクならではの発色のよいにじみになります。

「混ざりやすさをにじみに生かしたいとき」

● 絵の具を使って

水分の多い絵の具は色同士も混ざりやすくなります。色の組み合わせを楽しみながら描きたいときに使います。

「にじませる境界をはっきりさせたいとき」

● 障子紙を使う

障子紙を使って、水性フェルトペンのにじみの技法を使うと、障子紙の形の所だけ色がにじみます。障子紙の形を生かした使い方ができます。

ローラー

「幅のある線を生かしたいとき」

ローラーを線のようにして使うことで、絵の具と筆で描くのとはまた違う表現にすることができます。どれぐらいの幅のローラーを使うのか、何色を使うのかなど考えながらローラーを使うと楽しいですね。

「道に見立てたいとき」

ローラーの跡を道のように見立て、それをきっかけに想像を広げながら描くことができます。単色でいろいろな色を準備してもいいですし、2色を組み合わせて使うと、どんな色になるのかというワクワク感も楽しめます。

平野 真紀
（ひらの まき）
常磐会短期大学　教授

乳幼児の造形表現や造形表現による保育者支援について研究。造形という視点から保育の在り方を見つめる。保育現場の講習では実技や保育実践も行なうなど、幅広く保育者の支援に関わっている。

実践協力園
大阪・認定こども園　住の江幼稚園
大阪・認定こども園　ポートタウン保育園

スタッフ
本文デザイン ● 武田紗和・福田礼花　［株式会社 フレーズ］
イラスト ● 一方隅浩・常永美弥・中小路ムツヨ・みやれいこ・Meriko・やまざきかおり
編集協力 ● 小林真美・和田啓子　［pocal］
校正 ● 株式会社 どりむ社
企画編集 ● 松尾実可子・井家上萌・安藤憲志

※本書は、『月刊 保育とカリキュラム』2011年4月号〜2015年3月号までの連載「3・4・5歳児の絵あそび」を編集し、単行本化したものです。

3・4・5歳児の
わくわく絵あそび12か月

2017年2月　初版発行
2018年4月　第3版発行

著　者　平野真紀
発行人　岡本 功
発行所　ひかりのくに株式会社
　　　　〒543-0001 大阪市天王寺区上本町3-2-14
　　　　郵便振替 00920-2-118855　TEL.06-6768-1155
　　　　〒175-0082 東京都板橋区高島平6-1-1
　　　　郵便振替 00150-0-30666　TEL.03-3979-3112
　　　　ホームページアドレス　http://www.hikarinokuni.co.jp
印刷所　大日本印刷株式会社

©HIKARINOKUNI 2017
©MAKI HIRANO 2017
©2017　乱丁、落丁はお取り替えいたします。

Printed in Japan
ISBN978-4-564-60896-4
NDC376　200P　21×19cm

本書のコピー、スキャン、デジタル化等の無断複製は著作権法上での例外を除き禁じられています。本書を代行業者等の第三者に依頼してスキャンやデジタル化することは、たとえ個人や家庭内の利用であっても著作権法上認められません。